MW00575465

Agenda 3
Cahier d'activités

Audrey Gloanec

hachette
FRANÇAIS LANGUE ÉTRANGÈRE

Couverture : Nicolas Piroux
Secrétariat d'édition : Sarah Billecocq
Illustrations : Corinne Tarcelin
Conception graphique : Amarante/Médiamax
Mise en page : Médiamax

Crédits photographiques : © Shutterstock

Collaboration :
Tous nos remerciements à **Anne Veillon Leroux** pour la partie phonétique.

ISBN 978-2-01-155825-1

© HACHETTE LIVRE 2012, 43 quai de Grenelle, F 75 905 Paris CEDEX 15

Sommaire

Semaine 1 4

Semaine 2 14

Semaine 3 24

Semaine 4 34

Semaine 5 44

Semaine 6 54

Semaine 7 64

Semaine 8 74

Semaine 9 84

Semaine 10 94

Semaine 11 104

Semaine 12 114

Phonétique 124

Portfolio 129

Corrigés 133

🎧 Activité 1

Écoutez et indiquez en cochant la case si le projet des personnes est concret ou si ce n'est qu'un projet très lointain, peu défini.

	Projet concret	Projet peu concret		Projet concret	Projet peu concret
Personne 1			Personne 6		
Personne 2			Personne 7		
Personne 3			Personne 8		
Personne 4			Personne 9		
Personne 5			Personne 10		

Activité 2

Lisez le texte et dites si les affirmations sont vraies ou fausses puis répondez aux questions.

CHANGER DE VIE, LE SYNDROME DE LA CHAMBRE D'HÔTE

[…] Les cadres d'aujourd'hui quittent leur entreprise pour ouvrir des maisons d'hôte. Crise de l'âge adulte ou choix rationnel ?

[…] Plus qu'à un changement de métier, c'est à un changement de vie auquel aspirent ces individus. Citadins pour la plupart, ils ont entre 30 et 50 ans, avec une tendance au rajeunissement ; ils sont « installés » sur le plan professionnel, en couple ou divorcés. Ils se disent prêts à quitter travail et confort, à s'éloigner de leurs amis, à « gagner moins pour vivre mieux ». Une fois leur projet abouti, ils parlent de liberté, d'harmonie, de renaissance. […]

Pour la sociologue Catherine Négroni, auteur de *Reconversions professionnelles volontaires*, ce mouvement est à la fois individuel et social. […]. Ce phénomène […] résulte à la fois de la crise de l'emploi, qui encourage chacun à être plus mobile, et d'un bouleversement des valeurs qui cimentent la société […]. Il est davantage question de réalisation de soi, de quête de l'identité personnelle. Le mythe du retour aux sources, l'engouement écologique, le rejet des transports en commun et des rythmes professionnels épuisants peuvent aussi constituer de puissants ressorts.

Il reste un mystère : pourquoi l'ouverture d'une chambre d'hôte reste le fantasme premier des Français qui souhaitent changer de vie ? Il existe après tout mille manières de refaire sa vie : partir à l'étranger, faire de l'humanitaire, passer un concours de la fonction publique, se lancer dans une carrière artistique… […] Les motivations des candidats à la reconversion professionnelle […] peuvent se classer dans cinq catégories : se mettre au vert, se mettre à son compte, se consacrer aux autres, vivre sa passion, partir loin. Quelle activité, sinon l'hébergement touristique, permet de conjuguer toutes ces motivations ?

D'après www.scienceshumaines.com

Nous irons plus loin

a. Vrai ou faux ?

1. Les gens qui veulent changer de métier sont des gens instables professionnellement. ....

2. Pour eux, changer de travail est une volonté de changement personnel général. ....

3. Ces personnes sont prêtes à gagner moins d'argent pour vivre dans de meilleures conditions. ....

4. Dans l'ordre de préférence des Français, se lancer dans l'humanitaire est le second choix. ....

b. Établissez le portrait-type de la personne qui veut changer de vie.

Lieu de résidence : ....

Âge : ....

Catégorie sociale : ....

Situation matrimoniale : ....

c. Quelles sont les quatre motivations qui incitent les gens à partir ?

– ....

– ....

– ....

– ....

d. Pourquoi l'ouverture de chambres d'hôtes remporte beaucoup de succès ?

....

....

....

Activité 3

Complétez chaque phrase avec l'expression qui convient.

*ça n'a aucun rapport – sont identiques – je ne vois pas la différence – ça revient au même –
ça n'a rien à voir – ne se ressemblent pas – la même chose*

a. Que tu fasses d'abord cuire les pommes de terre et ensuite les carottes ou le contraire,

.... : il faudra faire cuire les deux.

b. Je ne comprends pas pourquoi tu me racontes cette histoire maintenant, ...

avec ce que je disais.

c. Édith et Dina sont jumelles, pourtant elles ....

d. Regarde ces deux toiles : on a l'impression que ce sont des photocopies tellement elles ....

....

e. Selon Dominique, nos manières de travailler sont complètements opposées, mais moi, ...

....

f. Entre son ancien métier et l'actuel, il n'y a aucun lien, vraiment ....

g. Ça fait 5 minutes que vous vous disputez, mais il me semble que vous dites exactement ....

...., vous l'exprimez simplement de façon différente.

5

Activité 4

Classez les éléments suivants dans le tableau. Attention, certains peuvent aller dans plusieurs cases et certaines cases vont rester vides.

un conducteur – du kérosène – un billet – un passager – une locomotive – un chauffeur – un cycliste – l'électricité – une rame – la piste cyclable – le billet – une hôtesse de l'air – un piéton – un casque – un trottoir – un ticket – un pilote – un conducteur – un motard – le permis B – la ceinture de sécurité – le permis A – un passager / un voyageur – l'essence / le gasoil

Type de transport	Nom de l'utilisateur	Nom de la personne qui est aux commandes	Carburant = énergie nécessaire	Titre de transport nécessaire	Mots associés à ce mode de transport
Avion	....	....	....	....	....
Train	....	....	....	....	....
Métro	....	....	....	....	....
Voiture	....	....	....	....	....
Moto	....	....	....	....	....
Vélo	....	....	....	....	....
À pied	....	....	....	....	....

Activité 5

Transformez les phrases au futur simple.

a. Je voyage en Europe.

....

b. Tu vas à la soirée avec ton nouveau copain ?

....

c. Marc et Paul ont essayé de battre leur record de plongée.

....

d. À partir d'aujourd'hui, vous vous levez plus tôt le matin.

....

e. C'est décidé, nous courons deux fois par semaine.

....

f. Ils ont négocié un contrat au Québec.

....

g. Vous nous achetez des billets d'avion pas trop chers ?

....

h. Tu appelles Marine pour lui proposer de partir avec nous ?

....

i. Partir là-bas à cette période de l'année, ils ont eu froid !

....

Nous irons plus loin

🎧 Activité 6

Écoutez les présentations de ces trois personnages. Ensuite, écrivez leurs projets d'avenir (au futur) en choisissant des actions parmi la liste suivante.

se lever tard tous les jours – faire du sport – découvrir de nouveaux endroits – connaître de nouvelles personnes – apprendre de nouveaux modes de vie – se faire de nouveaux amis – prendre des cours – devenir professeur – dépenser intelligemment son argent – prendre soin de soi – s'amuser – voyager loin – balayer ses anciennes habitudes – ne pas voir le temps passer

Carole et Willy

....

....

....

Yannick

....

....

....

Jacqueline

....

....

....

Activité 7

Utilisez des comparatifs. Votre slogan : « Le Québec, meilleur dans tous les domaines ! »

a. Le football, c'est bien mais le hockey sur glace, c'est ....

b. Le miel, c'est bon mais le sirop d'érable, c'est ....

c. Tu parles français, c'est bien, je parle le québécois, c'est ....

d. La viande de bœuf est bonne mais la viande de caribou est ....

e. Bref, la France, c'est bien mais le Québec, c'est ....

Activité 8

Complétez les phrases avec des superlatifs selon les indications (*le plus (de), le meilleur, de mieux***).**

a. Pour moi, Montréal est .... du Canada. (ville / intéressante +)

b. C'est là-bas que j'ai fait les .... (rencontres / marquantes +)

c. J'ai vu les .... (spectacles / bons / +), ... (originaux / +) .... (vivants / +).

d. En plus, je me suis régalé, j'ai mangé les .... (bons / pancakes / +) de ma vie.

e. Bref, pour moi Montréal, c'est ce qu'il y a .... (bien / +).

🎧³ Activité 1

Écoutez les phrases et classez-les dans le tableau.

Conseil / Recommandation	Conseil appuyé / Avertissement	Interdiction
Phrases nᵒˢ	Phrases nᵒˢ	Phrases nᵒˢ ....

Activité 2

Transformez les phrases au conditionnel, comme dans l'exemple.

Il est vivement recommandé d'être prudent avec l'utilisation de sa carte bancaire.
⇨ *(tu / devoir) Tu devrais être prudent avec l'utilisation de ta carte bancaire.*

a. Il est conseillé de conserver en lieu sûr une photocopie de son passeport.

⇨ (vous / pouvoir) ....

b. Il convient de ne pas regrouper dans un seul sac l'argent et les documents administratifs.

⇨ (tu / devoir) ....

c. Il faut conserver son calme, suivre les instructions données et attendre les secours.

⇨ (vous / faire mieux) ....

d. En voyage, toujours prévoir à portée de main un petit sac facile à transporter dans lequel sont regroupés argent, documents de voyage et billet d'avion.

⇨ (tu / pouvoir) ....

....

e. Il est recommandé de s'informer au préalable auprès de sa compagnie aérienne ou de l'aéroport.

⇨ (vous / devoir) ....

Activité 3

Remettez le dialogue dans l'ordre.

1 ⇨ **a.** J'ai un dilemme, je ne sais pas quoi faire.

.... **b.** Tu ne pourrais pas faire les deux ?

.... **c.** Eh non, parce qu'en même temps, mon nouveau petit copain me demande de partir avec lui au Canada... Qu'est-ce que tu ferais à ma place ?

.... **d.** Dis à ton nouveau petit copain que tu avais déjà quelque chose de prévu. Il comprendra.

.... **e.** Non, je ne suis pas millionnaire !

.... **f.** C'est génial !!

.... **g.** Tu crois qu'il sera compréhensif ?

.... **h.** C'est quoi ton problème ?

.... **i.** Si j'étais toi, je ferais ce qui me plaît le plus, sans penser à la personne.

.... **j.** C'est pour les vacances... Mon amie Delphine m'a proposé il y a longtemps de partir au Mali avec elle. Et j'avais accepté.

.... **k.** Je n'en sais rien, c'est ton copain, pas le mien !!!

.... **l.** Mais les deux me plaisent beaucoup... Franchement, qu'est-ce que tu penses que je devrais faire ?

Si on se préparait ?

2 Rendez-vous

Activité 4

Reconstituez cinq dialogues différents avec ces phrases (une question et une réponse par dialogue) en remplissant le tableau.

a. Comment est-ce que je pourrais lui faire comprendre que je n'ai pas envie de faire une croisière ?

b. Prends plutôt un indice élevé, il vaut mieux être trop protégé que pas assez.

c. Ne pars pas dans un pays dangereux, ce ne seraient pas des vacances reposantes.

d. Dis-lui que tu ne sais pas nager ou que tu détestes le film *Titanic*.

e. Qu'est-ce que tu crois que je devrais emmener comme protection solaire ?

f. Choisis le sac à dos, la valise, ce n'est pas pratique.

g. Renseigne-toi, il existe des colonies de vacances pour animaux domestiques.

h. Qu'est-ce que tu prendrais à ma place : un sac ou une valise ?

i. Quelle destination tu me conseilles ?

j. Qu'est-ce que je vais faire de mon chat pendant les vacances ?

Dialogue 1		Dialogue 2		Dialogue 3		Dialogue 4		Dialogue 5	
a.	....	....	....	....	....	....	....	....	....

Activité 5

Que faut-il faire ou ne pas faire dans un pays étranger ? Mettez les conseils à la personne correcte.

a. (Tu) Apprends / Apprenons / Apprenez les mots de politesse dans la langue locale.

b. (Tu) Sois / Soyons / Soyez ouvert à la culture et au mode de vie du pays visité.

c. (Vous) N'essaie / essayez / essayons pas de tout voir en une seule fois, c'est impossible.

d. (Nous) Ne critique / critiquons / critiquez pas le pays visité.

e. (Vous) Ne fais / faisons / faites pas de comparaisons trop rapides avec votre pays.

f. (Nous) Sois / Soyons / Soyez à l'écoute.

g. (Vous) Tu dois / Nous devons / Vous devez accepter la nourriture qu'on vous offre.

h. (Vous) Aie / Ayons / Ayez une attitude positive.

Activité 6

Reliez les mots aux dessins.

1.

2.

3.

4.

a. une valise   **b.** un sac en bandoulière   **c.** un sac « banane »   **d.** un sac à dos

Activité 7

Indiquez si les affirmations suivantes sont vraies ou fausses en cochant la case.

a. Un sac à dos est plus dur qu'une valise.   V ☐   F ☐

b. Un sac à main se porte sur l'épaule ou en bandoulière.   V ☐   F ☐

c. Un sac à main est plus petit qu'un sac banane.   V ☐   F ☐

d. Je peux porter un sac banane sous mon tee-shirt.   V ☐   F ☐

e. En général, les sacs à dos sont en tissu.   V ☐   F ☐

f. Un sac à dos peut avoir des roulettes.   V ☐   F ☐

Activité 8

Complétez les phrases avec les mots : *sac à dos – sacs à main – valise – bagage à main – bagage.*

a. Je ne comprends pas pourquoi les femmes ont des .... si grands.

b. La compagnie aérienne a perdu le .... de mon amie Céline quand elle est venue me rendre visite. Elle a dû se racheter une nouvelle ....

c. Juan ne part jamais sans son .... pour faire de la randonnée.

d. Après l'enregistrement de mon ...., je ne garde avec moi dans l'avion que mon ....

Activité 9

Complétez le dialogue avec les verbes suivants au conditionnel.

aimer – devoir (× 2) – voyager – pouvoir (× 2) – rentrer – recommander – aller – rester – être – partir

Romain : J' .... faire un voyage en Amérique du nord. Qu'est-ce que

tu me .... ?

Chloé : Moi, j' .... sans hésiter au Canada, c'est fantastique là-bas. Tu es déjà allé

aux États-Unis ?

Romain : Non.

Chloé : Tu .... faire un circuit et voir une partie du Canada et des États-Unis.

Romain : Ça .... chouette !!! Tu .... me recommander

des endroits sympas ?

Chloé : Moi non, je ne connais pas assez, mais Jenny, elle oui, c'est sûr !

Si on se préparait ?

Romain : Ben, oui, c'est vrai, je suis bête, je .... lui demander.

Chloé : Tu .... seul ?

Romain : Non, avec Lucie. Nous .... ensemble pendant un mois.

Puis elle .... en France pendant que moi, je .... encore un mois là-bas.

Chloé : Vous .... vraiment parler avec Jenny, elle vous aidera dans votre préparation.

Activité 10

Conseillez votre amie voyageuse. Complétez les phrases en mettant les verbes suivants à l'impératif. Écoutez pour corriger.

ne pas hésiter – faire (× 2) – aller – se renseigner – voyager – prendre – garder – mettre – poser – ne pas prendre – ne pas acheter – choisir – donner – ranger – regarder

[...] Avant de partir, il faudrait que tu te renseignes sur les pays à éviter. ....

sur le site « conseils aux voyageurs », ... si les pays que tu as l'intention

de visiter sont sûrs. .... aussi sur les vaccins que tu dois avoir à jour.

....-les dans un centre spécialisé en maladies tropicales, c'est mieux.

Ils sont vraiment très professionnels. ....-leur toutes les questions

qui te passent par la tête, mais avant, ... une liste pour ne rien oublier.

En ce qui concerne ta valise, ... trop de vêtements,

.... léger. .... de la place

pour tes souvenirs ! Mais attention, ... tout de suite sinon

tu devras les transporter jusqu'à la fin de ton voyage.

Sur place, ..., prends-toi un guide si tu as peur de rater quelque chose

d'important. Mais attention aux arnaques ! ....-le bien.

Il faut que tu te sentes bien avec lui ou elle.

Enfin, quelques règles de bases pêle-mêle :

– Achète-toi une casquette et ....-la tout le temps.

– Protège-toi avec de la crème solaire, indice 50 minimum, le soleil est agressif, là où tu vas aller.

– Pour les enfants, ...-leur des stylos mais pas d'argent, ça favorise la mendicité.

– Pour ton argent, ...-le dans différents endroits : ne mets pas tous

tes œufs dans le même panier.

– Pour les médicaments, ...-en suffisamment, mais pas de manière excessive.

Voilà, j'espère que ça t'aidera. Si tu as encore des doutes n'hésite pas à me poser tes questions.

1. Écoutez le premier projet de voyage de Marc et lisez son deuxième projet. Relevez les verbes au futur et au conditionnel puis répondez à la question.

○ ○ ○ ✉

✉ Envoyer maintenant 🔄 📋 🔗 ▾ 🗑 📎 ✒ ▾ 📇 Options ▾ 🎞 📽 Insérer ▾ 📋 Catégories ▾

De : Marc ↕

À : 👤 amis

Objet : Projet de voyage

Salut,
Et puis notre deuxième projet, ça serait de faire un tour du monde à vélo pour parler de la lutte contre l'obésité infantile et pour promouvoir le sport. Dans ce projet, un nutritionniste nous accompagnerait. L'idée serait de calculer toutes les calories que nous mangerons et de voir combien de temps de « pédalage » il faudrait pour les éliminer. Nous pourrions espérer que de cette façon les enfants réduiraient leur consommation de « junkfood », seraient conscients que manger, a des conséquences sur l'organisme. Nous aimerions aussi faire cela en collaboration avec un centre de santé qui traite les problèmes de surpoids. Quelques enfants nous suivraient pendant une semaine, le temps de changer de ville et de recommencer notre expérience ailleurs.
Qu'en pensez-vous ?
Marc

Verbes au futur	Verbes au conditionnel
Projet 1 :	Projet 1 : ....
Projet 2 :	Projet 2 : ....

Pourquoi Marc pense que ses projets se ressemblent ?
....

2. Vous donnez votre avis sur ces deux projets et vous les comparez. Vous donnez aussi des conseils. Vous proposez des choses à faire et à éviter.

Vous pouvez utiliser : *le plus ou le moins / le meilleur, le pire : intéressant, original*
Des adjectifs : *irréalisable, fatiguant, cher, sportif, instructif, éducatif, sérieux, ludique*
Pour les conseils : *devoir, falloir* (à mettre au conditionnel)
Ce qui est bien c'est... / Ce qui serait mieux...

Selon moi, le meilleur projet, c'est le tour du monde à vélo. Mais, pour qu'il soit encore mieux et plus attrayant, vous devriez vous faire sponsoriser par une marque de vélo. Il faudrait penser à...

....
....

Au Québec

....
....
....
....
....
....
....

3. Vous avez déjà organisé un projet de voyage original. Vous donnez des pistes à Marc pour constituer un dossier complet.

a. Reliez les éléments. Plusieurs réponses sont possibles.

1. Élaborer •	• a. l'encadrement pour accompagner les enfants
2. Choisir •	• b. la présentation du dossier
3. Ne pas oublier •	• c. aux organismes de bourse de voyage
4. Prévoir •	• d. un budget assez large
5. Être •	• e. les équipements nécessaires avant le départ
6. Ne pas négliger •	• f. un planning à l'avance
7. Prévoir •	• g. aux sponsors que votre dossier est le meilleur
8. Acheter •	• h. les médias avant le départ et au retour
9. Contacter •	• i. original dans le projet
10. Écrire •	• j. les formalités pour voyager à l'étranger
11. Prouver •	• k. le bon mode de transport

b. Mettez les phrases de l'activité a. à l'impératif comme dans l'exemple.

1 ⇨ f : Le planning : élaborez-le à l'avance.

Le mode de transport : ....

Les formalités : ....

L'encadrement pour les enfants : ....

Le projet : ....

La présentation du dossier : ....

Le budget : ....

Les équipements : ....

Les médias : ....

Les organismes de bourse de voyage : ....

Les sponsors : ....

4. Entendre parler de ces voyages vous donne des envies... À présent, vous avez tous les éléments pour constituer votre propre dossier de candidature de voyage original. Vous présenterez votre projet oralement en utilisant ce que vous avez vu dans les activités précédentes et des verbes au futur et au conditionnel.
Ayez la touche d'originalité que les autres n'auront pas !!

Activité 1

Retrouvez les mots dans la grille. Ils sont horizontaux (→) et verticaux (↓).

fauteuil – armoire – étagère – bureau – canapé – commode – lavabo – miroir – évier – lampe – table – lit

A	Q	E	C	M	V	L	M	S	E	C	H	D	C	Y
T	H	P	O	L	V	B	M	X	V	T	G	H	K	K
Y	L	M	M	A	X	S	V	R	I	M	M	A	O	S
N	B	K	M	V	S	B	U	R	E	A	U	E	G	L
U	J	O	O	A	I	H	Y	W	R	F	N	L	P	P
U	N	L	D	B	R	Q	S	R	S	A	P	A	M	Y
É	X	R	E	O	B	N	Z	U	W	U	I	M	I	H
T	A	E	T	V	W	L	I	B	F	T	L	P	R	S
A	Y	O	A	C	Q	T	I	D	X	E	Z	E	O	R
G	I	T	B	A	K	Y	G	M	H	U	M	I	I	C
È	V	Q	L	N	P	H	O	C	U	I	K	L	R	U
R	V	E	E	A	U	A	R	G	Y	L	S	I	E	L
E	N	B	D	P	Q	W	A	R	M	O	I	R	E	I
G	E	W	M	É	S	C	K	D	H	F	Z	W	V	T
Q	V	L	D	V	Z	Y	Y	M	B	U	G	I	I	R

Activité 2

Éliminez les deux intrus dans chaque phrase en les cochant.

a. Je le / la trouve dans la cuisine : ☐ le placard ☐ le lavabo ☐ l'évier ☐ la commode ☐ le tiroir

b. Je le / la trouve dans la salle de bains :
☐ le lavabo ☐ le robinet ☐ la chasse d'eau ☐ l'évier ☐ la baignoire ☐ l'armoire

c. Je le / la trouve dans le salon : ☐ le canapé ☐ la baignoire ☐ la table basse ☐ le frigo ☐ la lampe

d. Je le/ la trouve dans la chambre : ☐ la table basse ☐ l'armoire ☐ la commode ☐ la lampe ☐ le frigo

e. Je le / la trouve sur la terrasse : ☐ le lit ☐ la table ☐ la chaise ☐ le transat ☐ la douche

Activité 3

Lisez les noms d'objets et classez-les du plus grand au plus petit. Puis répondez à la question.

un drap housse – un gant de toilette – un couvre-lit – un mouchoir – un drap de bain – une serviette de table – un drap – une serviette de toilette

....

....

Quels sont les 2 éléments que l'on peut trouver en tissu et en papier ?

....

C'est ici que J'habite

1 Rendez-vous

🎧⁶ Activité 4

Écoutez et notez les différences entre les dessins et ce que vous entendez.

a.

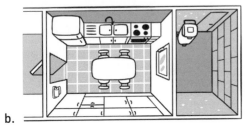

b.

a. ....

....

b. ....

....

🎧⁶ Activité 5

Écoutez une deuxième fois et indiquez si les affirmations suivantes sont vraies (V), fausses (F) ou si aucun renseignement n'est donné (--).

a. Les fauteuils sont en cuir.   V ☐ F ☐ -- ☐

b. La télévision se trouve en face du canapé.   V ☐ F ☐ -- ☐

c. Le salon est très lumineux.   V ☐ F ☐ -- ☐

d. Le canapé n'est pas confortable.   V ☐ F ☐ -- ☐

e. La cuisine fait 25 m².   V ☐ F ☐ -- ☐

f. Il y a une machine à laver dans la cuisine.   V ☐ F ☐ -- ☐

g. Tous les appareils électroménagers sont du même côté.   V ☐ F ☐ -- ☐

h. Pour la personne qui parle, c'est la cuisine idéale.   V ☐ F ☐ -- ☐

🎧⁷ Activité 6

Écoutez et relevez les aspects positifs et négatifs (adjectifs et expressions) de chaque appartement.

Appartement	Aspects positifs	Aspects négatifs
A		
B		
C		

Activité 7

Reliez les différents endroits de la maison à leur localisation et leur fonction.

- **1.** C'est ici que j'accroche mon manteau et que je range mes chaussures.
- **2.** C'est un endroit que l'on trouve surtout dans les immeubles.
- **3.** C'est un endroit où je range mon vélo.
- a. Le grenier •
- **4.** C'est la pièce où l'on range les affaires dont on ne se sert plus mais qu'on ne veut pas jeter.
- b. La terrasse •
- c. La cave / Le garage •
- **5.** C'est un endroit qui n'a pas de plafond.
- d. L'entrée •
- **6.** C'est l'endroit où je me repose entre deux escaliers.
- e. Le palier •
- **7.** C'est l'endroit où je prends mes repas en été sous le parasol.
- **8.** C'est l'endroit qui se trouve sous le toit.
- **9.** C'est un endroit qui se trouve sous le sol.
- **10.** C'est le premier endroit que l'on voit en entrant dans une maison.

Activité 8

Sol (S), mur (M) ou sur les deux (2) ? Indiquez à quel endroit on peut trouver...

a. un tapis	S ☐	M ☐	2 ☐		**e.** du carrelage	S ☐	M ☐	2 ☐
b. une tapisserie	S ☐	M ☐	2 ☐		**f.** de la peinture	S ☐	M ☐	2 ☐
c. du parquet	S ☐	M ☐	2 ☐		**g.** du papier peint	S ☐	M ☐	2 ☐
d. de la moquette	S ☐	M ☐	2 ☐					

 **Activité 9**

Écoutez et regardez sur le dessin si les indications sont correctes. Dites où se trouvent vraiment les dossiers Pontrand, Sigmund et Colonne.

....
....
....
....

Activité 10

Remettez les éléments dans l'ordre pour écrire des phrases correctes. Parfois, plusieurs réponses sont possibles.

a. possède / J'habite / agréable / petit / piscine / maison / jardin / plastique / enfants / qui / dans / pour / avec / une / un / une / en / les / .

....

b. en / commode / enfants / bleue / Mes / ont / bois / une / .

....

c. tapisserie / fleurs / chambre / mur / d'amis / verte / blanches / dans / il y a / Au / la / à / une / .

....

d. chambre / immense / normande / coucher / armoire / Dans / bois / notre / avons / nous / une / en / à / .

....

e. une / très / originale / minuscule / fille / a / chevet / Ma / lampe / acheté / de / .

....

f. des / la / un / américain / énorme / cuisine / Dans / glaçons / avons / qui / nous / fait / réfrigérateur / ronds / .

....

Activité 11

Vous êtes décorateur d'intérieur et vous envoyez un mail à un de vos clients pour lui expliquer le choix de votre décoration pour un de ces lieux. Choisissez un lieu et écrivez le mail en vous aidant de l'exemple. Vous choisissez les matériaux (en bois, en plastique, en métal), les couleurs, le type de meubles (art déco, moderne, traditionnel) et leur disposition dans la pièce.

– la chambre d'un bébé de 6 mois (une fille)
– la chambre à coucher d'un couple (environ 60 ans)
– une cuisine pour des jeunes mariés (une trentaine d'années)
– une salle de bains pour une jeune femme d'affaires
– un salon pour une famille avec 3 enfants (2, 6 et 9 ans ; les parents sont quarantenaires)

Pour la chambre du bébé, je choisis un lit en bois blanc avec des fleurs jaunes. Pas de plastique, ce n'est pas bon pour les enfants. La couleur des murs est claire et agréable, pas de couleurs trop vives. On pourrait mettre sur un des murs un joli papier peint bleu, jaune ou vert. Les meubles sont blancs, pour éclairer la pièce (même si c'est une fille, il n'y a pas de meubles roses). Le lit est en face de la porte. Il y a une grande armoire à côté de la fenêtre. Et dans le coin à côté de l'armoire, se trouve la table à langer.

....

....

....

....

....

....

....

Activité 1

Plusieurs personnes ont listé des tâches de leur vie quotidienne. Associez les tâches aux personnes en notant les numéros des phrases. Puis faites des phrases.

a. se lever tôt pour préparer le petit déjeuner des enfants – **b.** interviewer l'acteur – **c.** manger à la cantine – **d.** aérer la pièce – **e.** gérer les vacances des employés – **f.** passer le balai ou l'aspirateur – **g.** faire passer des entretiens – **h.** choisir la meilleure photo – **i.** aller chercher les enfants à l'école – **j.** préparer le dîner – **k.** surveiller les devoirs – **l.** enlever la poussière – **m.** faire du sport – **n.** relire son texte – **o.** se documenter – **p.** passer des annonces – **q.** faire ses devoirs – **r.** évaluer le personnel – **s.** laver les vitres – **t.** prendre le bus scolaire

Personnage 1 – C'est une mère de famille. – Tâches : ....

Personnage 2 – C'est un(e) journaliste. – Tâches : ....

Personnage 3 – C'est un responsable des RH*. – Tâches : ....

Personnage 4 – C'est une personne qui fait le ménage. – Tâches : ....

Personnage 5 – C'est un enfant. – Tâches : ....

* Ressources humaines

Activité 2

Choisissez un personnage, racontez sa journée type et dites quelles sont ses tâches quotidiennes.

....
....
....
....
....
....
....
....

Activité 3

Associez les expressions synonymes.

a. laver les vitres •
b. laver le sol •
c. laver le linge •
d. laver la vaisselle •
e. passer l'aspirateur •
f. passer le balai •

• **1.** faire la lessive
• **2.** faire les carreaux
• **3.** aspirer
• **4.** passer la serpillière
• **5.** balayer
• **6.** faire la vaisselle

Remue-ménage

🎧 Activité 4

Écoutez ces témoignages. Indiquez si les personnes interrogées sont pour ou contre le partage des tâches ménagères et relever les tâches ménagères citées.

Témoignages	Pour	Contre	Tâches ménagères citées
Premier témoignage	☐	☐	....
Deuxième témoignage	☐	☐	....
Troisième témoignage	☐	☐	....
Quatrième témoignage	☐	☐	....
Cinquième témoignage	☐	☐	....

🎧 Activité 5

Réécoutez les témoignages puis écrivez ce que chacune des personnes interrogées pourrait donner comme avis sur le forum.

Accueil	Forum	FAQ

Vos avis nous intéressent, réagissez sur notre forum. Pour ou contre le partage équitable des tâches domestiques au sein du couple ?

Chère madame, laissez-moi vous dire que je m'oppose totalement à ce que vous venez de dire ! C'est une grave erreur d'affirmer que les hommes ne peuvent pas faire certaines tâches. Il faut les éduquer à cela et leur laisser le temps de s'adapter. Ce n'est pas avec ce genre de discours que nous ferons avancer la société ! Ce que vous dites est vraiment ridicule !

Premier témoignage ....
....

Deuxième témoignage ....
....

Troisième témoignage ....
....

Quatrième témoignage ....
....

Cinquième témoignage ....

Activité 6

Vous avez fait une réunion entre colocataires et vous avez pris des notes. Rédigez le règlement des choses à ne pas faire. Utilisez les mots indiqués entre parenthèses.

pas d'animaux (ne... aucun) ⇨ *Il n'y aura aucun animal dans l'appartement.*

a. pas d'invités le soir pendant la semaine (ne... personne)

⇨ ....

b. ne pas prendre les affaires des autres sans autorisation (ne... rien)

⇨ ....

c. pas de crédit pour le loyer (ne... aucun)

⇨ ....

d. pas de petit ami(e), pas de famille plus d'une semaine (ne... ni... ni...)

⇨ ....

e. pas d'achat communautaire supérieur à 50 € (ne... aucun)

⇨ ....

Activité 7

Remettez les mots dans l'ordre.

a. il / pièce, / rangé / Rien / tout / ordre / mettre / cette / dans / faut / en / n' / est

....

b. dans / Personne / vivre / ce / ne / désordre / peut

....

c. l' / la / de / ne / ses / à / a / faire / enfants / aidé / Aucun / lessive

....

d. préparer / vaisselle / mari / ni / repas / la / l' / Son / ne / à / le / ni / à / aide / faire

....

e. balai / jamais / Il / vie / de / passé / a / le / sa / n'

....

f. depuis / passé / n' / semaine / l'aspirateur / Tu / une / pas / as

....

Activité 8

Répondez aux questions.

a. Après le repas, faut-il laisser les assiettes sur la table ?

Non, ...

b. Tous les plats peuvent rester sur la table ?

Non, ...

c. Dans la chambre, on laisse toutes les robes sur le lit ?

Non, ...

Remue-ménage

d. Dans la salle de bains, on peut tout laisser en désordre ?

Non, ...

e. Dans le salon, tout le monde peut mettre les pieds sur la table ?

Non, ...

f. Je peux laisser la maison en désordre et la vaisselle sale ?

Non, ...

Activité 9

Transformez les phrases en utilisant un pronom direct ou indirect (*le, la, les, lui, leur*) pour remplacer les groupes de mots soulignés.

a. Tu achètes <u>du pain</u> avant de rentrer. ⇨ ....

b. N'oublie pas <u>les clés</u> sur la table. ⇨ ....

c. Baisse <u>la musique</u>, s'il te plaît, c'est trop fort ! ⇨ ....

d. Dis à <u>tes parents</u> de venir pour 20 h. ⇨ ....

e. Je n'ai pas encore répondu <u>à ma sœur</u>. ⇨ ....

f. Je n'ai pas envie de préparer <u>le repas</u> aujourd'hui. ⇨ ....

g. Passe-moi <u>l'éponge</u>, il faut essuyez la table. ⇨ ....

h. Je n'ai pas dit <u>à Laura</u> qu'elle était invitée. ⇨ ....

Activité 10

Répondez aux questions en utilisant des pronoms directs et indirects (*le, la, les, lui, leur*).

a. Fais-tu la cuisine ?

Oui, ...

b. Il repasse ses chemises ?

Oui, ...

c. Laves-tu la vaisselle ?

Non, ...

d. Demandez-vous à vos enfants de vous aider ?

Oui, ...

e. Préparent-ils les repas ?

Oui, ...

f. Fait-elle le ménage ?

Non, ...

g. Avez-vous besoin de dire à votre frère de faire la vaisselle ?

Non, ...

h. Fait-il ses devoirs tous les soirs ?

Non, ...

☒ Bilan

🎧(10) 1. Écoutez le dialogue et répondez aux questions en justifiant vos réponses.

a. Pourquoi Marion n'a pas trouvé d'appartement ? ....

b. Marion a besoin de combien de chambres ? ....

c. À quoi vont lui servir les pièces dont elle a besoin ? ....

d. Marion aime cuisiner ? ....

e. Où Marion veut-elle mettre ses plantes ? ....

🎧(10) 2. Réécoutez et cochez les bonnes réponses.

a. Marion voudrait un	☐ bel	☐ grand	☐ joli	appartement.
b. Il doit être	☐ lumineux	☐ chaleureux	☐ spacieux.	
c. Le salon doit posséder	☐ une bibliothèque	☐ une cheminée	☐ une grande fenêtre.	
d. L'appartement doit avoir plein de	☐ tiroirs	☐ miroirs	☐ placards.	
e. Elle aimerait une cuisine	☐ américaine	☐ équipée	☐ fermée.	
f. L'idéal serait un appartement	☐ meublé	☐ dans le centre	☐ en résidence.	
g. Son appartement serait	☐ pas cher	☐ bon marché	☐ assez cher.	

🎧(11) ✏️ 3. Complétez le message que Linda laisse à Marion sur son téléphone portable. Écoutez pour corriger.

Bonjour Marion, je m'appelle Linda. J'ai vu ton .... dans le journal et j'ai peut-être .... qu'il te faut. J'habite pas très loin du .... Il y a une .... de métro juste en bas de .... Ce n'est pas un immeuble neuf, mais il est bien .... L'appartement est au 5e .... avec .... Il n'y a pas de .... mais un petit balcon. L'appartement est très .... et .... Il y a deux .... dans chaque chambre. Par contre, la cuisine n'est .... Voilà j'espère que ça te convient. Si tu es intéressée, tu peux me rappeler au 06 .... Ah, j'oubliais un détail important : j'ai un .... , j'espère que tu n'es pas allergique !

À bientôt, j'espère.

🔍 ✏️ 4. Marion va passer une annonce. Retrouvez la signification des abréviations puis écrivez son annonce.

JF : ....   Appt : ....

Ch : ....   Lumx : ....

ds : ....   Si poss. : ....

Cuis. équip. : ....   Sdb : ....

Grd salon : ....   Nbrx plcds : ....

F4 : ....   Prox transp. : ....

Pt : ....   TTC : ....

Terr. : ....   Asc. : ....

En Louisiane

....
....
....
....

5. **Linda et Marion se rencontrent. Linda pose des questions sur l'organisation de la colocation. Imaginez les réponses de Marion en utilisant des pronoms.**

a. Est-ce que tu aimes les chats ?

....

b. Est-ce que tu fais souvent la cuisine ?

....

c. Et tu aimes faire les courses ?

....

d. Combien de fois par semaine tu fais le ménage ?

....

e. Est-ce que tu aimes faire le ménage ?

....

f. Si un voisin fait du bruit, qu'est-ce que tu fais ?

....

g. Si tes amis viennent à l'appartement tard le soir, qu'est-ce que tu fais ?

....

h. Que feras-tu s'il y a quelque chose qui te dérange chez moi ?

....

À votre avis, vont-elles bien s'entendre ? ....

6. **Cinq mois plus tard, Linda ne supporte plus Marion. Elle lui dit ce qui ne va pas. Jouez la scène avec votre voisin en utilisant les éléments proposés.**

Elle ne fait pas le ménage, pas la poussière, pas les vitres . (ne... ni...ni)
Elle ne fait pas d'efforts pour que la colocation se passe bien. (ne... aucun)
Elle n'achète pas à manger. (ne... rien)
Elle n'est pas aimable avec mes amis. (ne... personne)
Elle ne parle pas. (ne... rien dire)

Tu ne fais...

Activité 1

Retrouvez les différents sens du mot « mémoire » en associant les éléments de chaque colonne.

Les différents sens du mot « mémoire » :

a. Aptitude à se rappeler des choses du passé.

b. Exposé universitaire écrit.

c. Quand le mot est au pluriel, c'est le récit de sa vie.

d. Dispositif permettant de stocker des informations.

1. Dissertation

2. Disque dur

3. Fonction du cerveau

4. Autobiographie

Activité 2

Cochez la bonne réponse.

a. Quand on a une bonne mémoire, on a une mémoire ☐ de singe ☐ d'éléphant ☐ de chat.

b. Quand on a une mauvaise mémoire, on a une mémoire ☐ de mouche ☐ de souris ☐ de poisson.

c. Quand on dit « À la mémoire de… », cela signifie ☐ en souvenir de ☐ mémoriser ☐ avoir une bonne mémoire.

Activité 3

Classez les verbes suivants en deux catégories : le souvenir – la mémoire.

apprendre – se rappeler – oublier – se souvenir – se remémorer – mémoriser – oublier – retenir – songer

Le souvenir	La mémoire

Activité 4

Que pensez-vous de cette citation ? Comment la comprenez-vous ? Êtes-vous d'accord ? Pourquoi ?

« La différence entre les jeunes et les vieux, c'est que les vieux ont beaucoup plus de souvenirs et beaucoup moins de mémoire ! »

Paul RICŒUR.

Activité 5

Reconstituez chacune des deux histoires suivantes en remettant les phrases dans l'ordre sans vous préoccuper des espaces vides.

Histoire 1

[1] a. Autrefois, les gens n'avaient pas besoin d'autant de choses qu'aujourd'hui.

[…] b. ...., quand nous achetions un pantalon, il durait longtemps.

[…] c. Les marques de vêtements n'étaient pas aussi répandues.

[…] d. Pour moi, le plus grand bouleversement a été l'arrivée et le développement d'Internet. Ça a vraiment été une révolution.

[…] e. Il n'y avait pas beaucoup de choses à acheter. La télé existait à peine. Nous n'avions qu'une chaîne en noir et blanc. ...., le téléphone portable n'existait pas.

... **f.** C'était de la bonne qualité et nous en prenions soin.

... **g.** ...., la technologie a fait de grandes avancées. Nous avons pu regarder la TV en couleur.

... **h.** Le téléphone portable est arrivé.

Histoire 2

1 **a.** Quand j'étais plus jeune, j'habitais à la campagne.

... **b.** Mais ...., nous n'étions pas aussi difficiles et fainéants que maintenant.

... **c.** Nous faisions les choses sans râler, c'était normal.

... **d.** Pour aller au collège, nous devions prendre le bus scolaire. Je devais me lever à 6 h 30 du matin.

... **e.** ...., la technologie a fait son apparition et les gens ont commencé à devenir plus exigeants, plus assistés. Tout est devenu plus facile.

... **f.** ...., les hivers étaient rudes, surtout quand nous avions de la neige jusqu'au genou et qu'il fallait l'enlever du chemin pour pouvoir aller sur la route et prendre le transport scolaire.

... **g.** .... le jour où j'ai vu que les vitres des voitures pouvaient se lever et se baisser automatiquement, je me suis dit que c'était le début de la fin.

... **h.** Pour moi, c'est certain, il y a un avant et un après cette invention.

Activité 6

Dans l'histoire n° 1, remettez à leur place les expressions : *un jour, à cette époque-là, dans le passé*.
Dans l'histoire n° 2, remettez à leur place les expressions : *Je me souviens que, un jour, à cette époque-là, je me rappelle que*. **Parfois, il existe plusieurs possibilités.**

Activité 7

Écoutez puis indiquez si les affirmations suivantes sont vraies (V), fausses (F) ou s'il n'y a pas d'élément de réponse (?).

	V	F	?
a. La personne venait d'arriver au parc.	☐	☐	☐
b. Cette histoire remonte à 12 ans.	☐	☐	☐
c. Elle avait vu le chien arriver sur elle.	☐	☐	☐
d. Le maître du chien était désolé de cet incident.	☐	☐	☐
e. Le maître du chien trouvait la scène comique.	☐	☐	☐
f. Cette rencontre a été le début d'une belle histoire d'amour.	☐	☐	☐
g. Elle se rappelle de cette histoire car elle a retrouvé une photo.	☐	☐	☐

Activité 8

Réécoutez. Quelles expressions ont été utilisées pour situer dans le passé et parler d'un événement du passé, d'un souvenir ?

....
....
....
....

25

Activité 9

Associez le nom à sa définition. Attention, il y a deux définitions pour un des noms.

a. Mon gendre

b. Mon beau-frère

c. Ma belle-mère

d. Ma belle-fille

e. Mon beau-fils

1. C'est la mère de mon mari.

2. C'est la deuxième femme de mon père.

3. C'est le fils que mon mari a eu avec sa première femme.

4. C'est la femme de mon fils.

5. C'est le frère de ma femme.

6. C'est le mari de ma fille.

 ## Activité 10

Écoutez et écrivez les prénoms des membres de cette famille dans l'arbre généalogique.

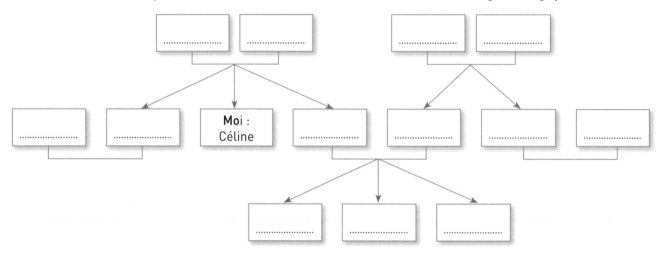

 ## Activité 11

Réécoutez et répondez aux questions.

a. Relevez deux expressions pour dire que l'on s'entend bien avec quelqu'un.

....

....

b. Relevez deux expressions pour dire que l'on aime bien quelqu'un.

....

c. Que signifie être une « célibataire endurcie » ?

☐ Ne pas vouloir se marier.   ☐ Être célibataire depuis longtemps.

d. Que signifie « trouver chaussure à son pied » ?

☐ Trouver quelqu'un qui vous correspond.   ☐ Trouver quelqu'un qui ne partira pas au premier problème.

e. « Trouver l'âme sœur » est-il synonyme de « trouver chaussure à son pied » ?

☐ Oui   ☐ Non

Je me souviens

Activité 12

Utilisez *être* ou *avoir* pour conjuguer au passé composé les verbes entre parenthèses.

a. Séverine .... (sortir) ses plus beaux bijoux pour aller dîner avec son nouveau fiancé.

b. Loriane .... (passer) son examen de conduite hier.

c. Nous .... (monter) au dernier étage de la tour Eiffel, c'était très beau.

d. Dominique .... (entrer) dans cette boutique par hasard et, maintenant, c'est sa boutique préférée.

e. Hier au judo, Benjamin .... (retourner) son adversaire comme une crêpe.

f. Yves .... (monter) mes valises jusqu'au 5ᵉ étage sans ascenseur : il est costaud !

g. Nina et Lucas .... (passer) toute la journée à faire des gâteaux pour Noël.

h. Monica est tête en l'air, elle avait oublié sa guitare pour la répétition, elle .... (retourner) chez elle la chercher.

i. Charlotte est très rapide, elle .... (entrer) toutes les adresses mail dans la base de données en un temps record.

j. Je .... (passer) te voir à ton bureau mais tu étais en réunion.

k. Christian et moi, nous .... (sortir) jusqu'à 5 heures du matin et nous .... (rentrer) en taxi.

Activité 13

Continuez l'histoire avec les indications puis imaginez la suite.

bien dormir – être en pleine forme – sortir faire un jogging – partir avec le chien – courir depuis 30 minutes – trouver un billet de (100 euros, de concert, de loterie...)

C'est un beau dimanche de septembre. Il faisait encore chaud. ....

....

....

....

....

....

🎧14 Activité 1

Écoutez l'histoire du bagne de Guyane et complétez le texte.

...., la nouvelle République se débarrasse de ses opposants politiques et religieux en les expédiant en Guyane. ...., on offre la possibilité aux forçats des bagnes portuaires de métropole de venir en Guyane. C'est l'espoir d'un adoucissement de leur condition et même de refaire leur vie grâce à des concessions agricoles. ...., la vie au bagne est chaotique, la maladie et la mort y tiennent le premier rôle. ...., une visite va ébranler l'opinion publique, en mettant au grand jour les dysfonctionnements et les injustices de ce système carcéral. ...., du 6 juin au 1er juillet, le grand reporter Albert Londres va effectuer une enquête sans complaisance. ...., la création d'un décret rendra les peines plus humaines et plus décentes. Le système perdurera ainsi ...., date du dernier convoi. ...., les bagnards tentent de quitter leur condition en rejoignant la France Libre par le Surinam. .... l'Armée du Salut soutiendra et aidera les derniers bagnards à retourner en métropole. ...., les derniers témoins, bagnards ou surveillants sont rentrés en France sur le San Matteo, ainsi prenait fin une aventure de ....

Activité 2

Complétez ce texte en vous aidant des dessins et en utilisant les mots proposés.

en (× 2) / cela fait / de... à... / il y a / pendant / depuis

Je suis arrivé en Guyane .... 1998 car je devais m'installer à Cayenne pour mon travail. Je suis resté à Cayenne .... 1998 .... 2003. En arrivant, je ne parlais pas le créole. Je voulais absolument l'apprendre, alors, j'ai pris des cours. J'étais très motivé et j'ai très vite appris. Je crois qu'.................... cinq mois je pouvais le comprendre et le parler. À la fin de ma mission, je ne voulais pas partir de cet endroit magnifique, alors je suis resté mais j'ai déménagé à Mana, j'y suis resté .... deux ans. Après quoi, il a fallu que je rentre en France métropolitaine. .... maintenant 5 ans que j'ai quitté cet endroit paradisiaque. ...., je garde le contact avec mes amis guyanais. Je suis retourné en Guyane .... deux ans pour les vacances. J'aurais bien voulu y rester.

Associations de bienfaiteurs 2 Rendez-vous

Activité 3

Lisez les informations sur le centre spatial guyanais et écrivez un texte reprenant ces informations.
Dans votre texte, vous utiliserez : *en* / *entre... et...* / *de... à...* / *pendant* **ou** *durant* / *il y a.*

19 mars 1946	La Guyane devient un département français d'outre-mer
19 décembre 1961	Création du Centre National d'Études Spatiales (CNES)
14 avril 1964	Arrêté ministériel décidant la création d'une nouvelle base spatiale à Kourou, Guyane française
1965	Installation du CNES et du Centre Spatial Guyanais à Kourou (CSG)
9 avril 1968	1er lancement d'une fusée-sonde Véronique au CSG
1973	Création de l'ESA, Agence Spatiale Européenne (European Space Agency)
24 décembre 1979	1er lancement Ariane 1
4 août 1984	1er lancement Ariane 3
15 juin 1988	1er lancement Ariane 4
4 juin 1996	1er lancement Ariane 5
23 septembre 1997	100e lancement Ariane
10 décembre 1999	1er lancement commercial Ariane 5
15 février 2003	Dernier lancement Ariane 4

....
....
....
....
....
....
....

Activité 4

Écrivez une biographie ou décrivez un événement historique ou culturel. Faites des recherches
sur Internet, récoltez des informations et résumez-les en utilisant des expressions comme :
en / *entre... et...* / *de... à...* / *pendant* / *durant* / *il y a...*

....
....
....
....
....
....
....

Activité 5

Lisez les expressions : que vous inspirent-elles ? Pour chacune, indiquez d'une part si c'est une expression d'amour ou d'amitié et d'autre part si elle indique une bonne ou une mauvaise relation entre deux personnes.

a. S'entendre comme chien et chat. ☐ amour ☐ amitié | ☐ bonne ☐ mauvaise

b. Faire le Don Juan. ☐ amour ☐ amitié | ☐ bonne ☐ mauvaise

c. Être copain comme cochon. ☐ amour ☐ amitié | ☐ bonne ☐ mauvaise

d. Être comme cul et chemise. ☐ amour ☐ amitié | ☐ bonne ☐ mauvaise

e. S'entendre comme deux larrons en foire. ☐ amour ☐ amitié | ☐ bonne ☐ mauvaise

f. Avoir le coup de foudre. ☐ amour ☐ amitié | ☐ bonne ☐ mauvaise

Activité 6

Retrouvez la signification de ces expressions.

a. S'entendre comme chien et chat.

b. S'entendre comme deux larrons en foire.

c. Être comme cul et chemise.

d. Être copain comme cochon.

e. Avoir le coup de foudre.

f. Faire le Don Juan.

1. Être de très bons amis.

2. Tomber amoureux.

3. Être un séducteur.

4. Être très complices.

5. Se disputer continuellement.

6. Être très complices, amis intimes.

Activité 7

Utilise-t-on *an*, *année* ou les deux ? Cochez la bonne réponse.

a. Pour donner l'âge, on utilise ☐ an ☐ année ☐ les deux.

b. Avec une fréquence, on utilise ☐ an ☐ année ☐ les deux.

c. Avec « tous les », on utilise ☐ an ☐ année ☐ les deux.

d. Avec « chaque », on utilise ☐ an ☐ année ☐ les deux.

e. Avec « dernier » / « passé » / « prochain », on utilise ☐ an ☐ année ☐ les deux.

f. Avec un adjectif, on utilise ☐ an ☐ année ☐ les deux.

g. Pour la soirée du 1er janvier, on utilise ☐ an ☐ année ☐ les deux.

h. Avec un adjectif numéral, on utilise ☐ an ☐ année ☐ les deux.

i. Avec un adjectif ordinal, on utilise ☐ an ☐ année ☐ les deux.

Activité 8

Complétez les phrases avec *an* ou *année*. Faites les accords nécessaires.

a. Quel âge a ton fils ? Il a 9 ....

b. Vous devriez leur envoyer vos vœux pour (ce nouvel / cette nouvelle) ....

c. Qu'est-ce qu'on souhaite aux gens le 1er janvier ? (Bon / Bonne) .... !

d. Chaque ...., je prends de bonnes résolutions que je ne tiens jamais.

e. Ces ....-là ont été les meilleures de ma vie.

f. (Tous / Toutes) les ...., ma grand-mère part en cure thermale.

g. Les enfants doivent aller chez le dentiste deux fois par ....

h. (Son premier / Sa première) .... à l'étranger a été difficile.

i. Mon meilleur ami est en (dernier / dernière) .... de médecine.

j. L'.. (prochain / prochaine), Lydia partira avec Erasmus à Lisbonne.

k. (Tout / Toute) l'.., elle s'occupe de ses enfants et, pendant les vacances, elle les laisse à ses parents.

l. Il est resté en Inde pendant plusieurs ....

m. En (quel / quelle) .... tu es parti de France ?

Activité 9

Complétez les phrases avec les prépositions de temps qui conviennent.

a. Le technicien a dit qu'il viendrait .... 13 heures environ.

b. C'est un très bon professionnel, il a su régler le problème .... moins de 5 minutes.

c. Mes amis partent toujours en vacances .... printemps, mais nous, nous partons .... hiver.

d. .... les réunions, il consulte toujours ses mails, c'est très impoli.

e. Dépêche-toi, nous avons rendez-vous .... une demi-heure.

f. .... que je vis à l'étranger, mon pays me manque.

g. .... 5 ans que je ne suis pas revenu en métropole.

h. Blandine s'est intégrée .... très peu de temps.

i. .... trois ans, Michaël n'est jamais arrivé une seule fois en retard au travail.

j. Votre avion part .... 3 heures. Vous devez partir de la maison .... 15 h 20 au maximum.

k. Sandrine a beaucoup changé .... qu'elle est maman.

Activité 10

Cochez la bonne réponse.

a. ... une semaine, nous célèbrerons l'inauguration de notre association.
☐ Dans   ☐ En   ☐ Pour

b. Nous avons lutté ... des années pour créer cette association.
☐ Pour   ☐ En   ☐ Pendant

c. ... quelques jours, nous avons reçu la visite du maire qui nous a félicité pour notre travail associatif.
☐ Depuis   ☐ En   ☐ Il y a

d. ... quinze jours d'existence, nous avons déjà plus de 45 membres, c'est incroyable !
☐ Il y a   ☐ En   ☐ Dans

e. ... la création de notre association, nous n'avons pas arrêté d'inscrire de nouveaux membres.
☐ Dans   ☐ Il y a   ☐ Depuis

f. Notre comptable bénévole est très efficace, ... deux jours, il est devenu indispensable.
☐ depuis   ☐ en   ☐ il y a

g. Demain, nous recevrons le responsable régional de l'association qui viendra ... deux jours pour connaître tous les bénévoles.
☐ il y a   ☐ depuis   ☐ pour

X Bilan

Ah, les histoires de famille !!

(15) 1. Écoutez et répondez aux questions.

a. Il y a 15 ans que cette histoire est arrivée ? ....

b. Quel était l'état psychologique de la maman de Cyril avant le mariage, pendant la journée du mariage, au moment de l'incident et après cette aventure ?

Avant : ....

Pendant : ....

Au moment de l'incident : ....

Après : ....

c. À quelle heure le « drame » est-il arrivé ? ....

d. Avec quoi les frères de la mariée ont fait le faux gâteau ? ....

e. Quelle est l'expression utilisée par le grand-père pour dire qu'il n'oubliera jamais ce souvenir ?

....

Quelle autre expression pourrait-on utiliser ? ....

f. Écoutez encore une fois et relevez tous les mots ou expressions utilisés pour exprimer :

un moment dans le passé	un événement / moment précis dans le passé	la durée d'une action
....	....	....
....	....	....
....	....	....

2. Cyril veut en savoir plus sur cette histoire. Il interroge un de ses oncles et lui demande sa version des faits. Voici ce qu'il raconte. Lisez le texte et placez les éléments manquants :

en – il y a – du... au... – à chaque fois – pendant – un jour – à un moment donné – tous – à un autre moment – depuis

L'histoire du mariage de ma sœur... C'était fantastique. Je m'en souviens comme si c'était hier pourtant,

c'était .... une quinzaine d'années à peu près.

Ton oncle et moi détestons les mariages où tout le monde s'ennuie. On voulait faire quelque chose de drôle

pour rendre ce mariage inoubliable. .... des jours on a cherché. ....

les jours, on trouvait une nouvelle idée mais ...., on se rendait compte que ce n'était

pas possible à réaliser. .... on avait pensé faire venir un clown, puis on a abandonné

l'idée comme à chaque fois. ...., on voulait faire semblant de se casser une cheville

En Guyane

mais c'était trop dramatique, ça n'aurait fait rire personne. Comme tu vois, on pensait à ça .... soir

.... matin. Et puis ...., on a trouvé : faire tomber la pièce montée, une fausse bien

sûr. C'était la meilleure idée que nous avions eu .... des semaines.

Alors, ... deux jours, nous avons fait le gâteau en mousse à raser. Voilà le reste de

l'histoire tu la connais. En tout cas, on a bien réussi notre coup parce que tout le monde a bien ri !

Par contre ta maman... était... plutôt fâchée. Elle n'a pas beaucoup ri.

**3. Cyril va voir sa maman et lui demande de lui raconter la même histoire.
Voici ce qu'elle raconte. Lisez et conjuguez les verbes entre parenthèses au passé
(passé composé, imparfait, plus-que-parfait).**

Ah, mon mariage... C .... (être) il y a longtemps, mais je m'en souviens parfaitement.

Je .... (savoir) que mes frères .... (vouloir) me faire une surprise

pour mon mariage. Des surprises, ils en .... (faire) à chaque grande occasion :

les anniversaires, les Noëls en famille, les mariages, etc. Bref, ils en font tout le temps, donc

il .... (être) évident qu'ils .... (aller) faire quelque chose pour

le mariage de leur petite sœur. La seule chose que je .... (ne pas savoir),

c'............................... (être) ce qu'ils .... (préparer) exactement.

Un jour, je .... (les voir) parler ensemble et je .... (savoir)

qu'ils .... (trouver) : ils .... (être) surexcités. Quelques jours plus tard,

je .... (aller) chez tonton Paul pour voir Lucie et lui demander des conseils pour

la préparation du mariage. Quand je .... (être) chez eux, nous ....

(devoir aller) dans le bureau pour chercher quelque chose et là, je .... (voir) une feuille

où il y avait écrit : « Faites votre pièce montée en mousse à raser ». C'est à ce moment-là que

je .... (savoir) que la surprise serait en rapport avec le gâteau. Bien sûr,

je .... (ne rien dire) à personne et je .... (faire) comme si

je .... (rien savoir). Le jour du mariage, je .... (attendre) le moment

du dessert avec impatience. Je .... (vouloir découvrir) ce qu'ils ....

(préparer). Je .... (penser) qu'ils .... (aller essayer) de me faire

manger la mousse à raser... Quand ils .... (faire tomber) la pièce montée,

je .... (devoir) faire semblant d'être fâchée. C'est ce qu'ils ....

(attendre) de moi. Mais, au fond de moi, je .... (avoir) vraiment envie de rire.

Je .... (être surprise) par mes talents d'actrice. Encore aujourd'hui, personne ne sait

ce qu'il .... (se passer vraiment), sauf toi mon cœur. Et tout le monde pense que je suis

encore fâchée. Tu ne diras rien, n'est-ce pas ?

**4. À vous ! Racontez une anecdote, un souvenir de famille, de classe, d'une fête,
d'une mauvaise aventure mais qui se finit bien !**

Activité 1

Lisez l'article puis répondez aux questions.

INTERNET TUERA-T-IL LA PRESSE ?

La presse écrite a survécu à l'arrivée de la radio et de la télévision. Survivra-t-elle à Internet ?

Internet est-il en train de tuer la presse ?
À ce jour, aucun média n'a tué ses prédécesseurs et le succès relatif des journaux gratuits montre qu'il n'existe pas de réelle désaffection pour le support papier. Mais, du point de vue des usages, l'an 2000 a marqué un tournant. La lecture du journal imprimé a cessé d'être, comme disait Georg Hegel, « la prière du matin de l'homme moderne ». La consultation des courriels, le visionnage d'une vidéo, la conversation en ligne, la lecture rapide des titres du jour sur Internet : toutes ces habitudes mordent sur le temps consacré à la lecture d'un quotidien. Demain, combien de lecteurs prendront encore le temps d'aller dépenser quelques pièces dans un kiosque à journaux ?

La crise de la presse occidentale est-elle conjoncturelle ou structurelle ? Internet est-il vraiment fautif ?
Un journaliste propose la première analyse française des trois transformations qui ont affecté les quotidiens au cours des dix dernières années : la gratuité de l'information, avec les succès concomitants[1] d'Internet et des journaux gratuits ; la désaffection d'une partie des lecteurs, notamment des plus jeunes ; enfin la migration de la publicité et des petites annonces vers Internet. Pour ce journaliste, le phénomène Internet bouleverse bien l'économie de la presse mais ne doit pas cacher un phénomène de société plus profond : « L'intérêt de nos sociétés pour l'information s'érode[2] chaque année ».

Internet va-t-il sauver la presse ?
Considéré un temps comme destructeur de la presse écrite, Internet peut-il sauver les journalistes ? Le journalisme en ligne bénéficie de sérieux atouts : il est moins coûteux, plus réactif, il offre la possibilité d'inventer de nouvelles formes d'écriture et de conquérir de nouveaux publics. Surtout, par son interactivité, il redonne un lien entre le journaliste et le lecteur. Seul problème, le journalisme de qualité coûte cher et Internet rapporte peu.
Sur Internet comme dans les kiosques, il y aura quelques morts mais aussi des naissances – et renaissances – enthousiasmantes.
Les professionnels de l'information auront à trouver le juste équilibre entre un journalisme à l'ancienne, nourri d'enquêtes, de reportages et d'expertise, et les nouvelles pratiques apparues sur Internet : discussions et débats en ligne, proximité du lecteur, recommandations, interactions entre les sources d'information, usage raisonné de la vidéo, du son, des liens hypertextes[3]. Avec l'arrivée sur le marché du travail d'une nouvelle génération, cette réinvention du journalisme a déjà commencé.

1. qui se produisent en même temps – 2. s'use lentement 3. Mode d'organisation des informations : le lien hypertexte permet, en cliquant dessus, d'aller à un autre endroit de la page pour chercher une nouvelle information. En général, le lien hypertexte est souligné et apparaît dans une autre couleur que celle du texte.

D'après Héloïse Lhérété, *Sciences humaines*, 2009.

a. Dans le texte, comment voit-on que les gens aiment encore le support papier ? ....

b. Quelles sont les quatre nouvelles habitudes qui empêchent de lire un journal le matin ?

....

c. Que signifie : « Demain, combien de lecteurs prendront encore le temps d'aller débourser quelques pièces dans un kiosque à journaux » ?

....

d. Du point de vue du journaliste, quelles sont les trois transformations qui ont causé une crise dans la presse écrite ?

....

e. Citez deux avantages de la presse en ligne. ....

f. Quelles sont les différences entre l'ancien et le nouveau type de journalisme ?

....

g. Selon l'auteur, les deux types de journalisme sont compatibles ou incompatibles ? ....

h. Quels sont les mots du texte qui entrent dans le champ lexical de la « mort » ? ....

Activité 2

Répondez en donnant votre opinion.

Vous dites que les gens aiment toujours le support papier. ⇨ *À mon avis, les gens ne se désintéressent pas du papier.*

a. Vous expliquez pourquoi les gens ne lisent plus de journaux le matin.

....

b. Vous donnez les raisons pour lesquelles la presse est en crise.

....

c. Vous expliquez comment vous voyez le nouveau journalisme.

....

Activité 3

Reliez les éléments signifiant la même chose ou ayant un sens très proche.

2 %•	• un tiers
15 %•	• la moitié
33 %•	• à peine plus de la moitié
50 %•	• une majorité
55 %•	• les trois-quarts
65 %•	• une minorité
75 %•	• la quasi-totalité
80 %•	• un très faible pourcentage
98 %•	• une grande majorité

 ## Activité 4

Écoutez et indiquez si les affirmations sont vraies (V), fausses (F) ou si on ne sait pas (?). Justifiez vos réponses.

a. À 6 ans, les petits Français sont des experts en Internet. ....

....

b. Les enfants français ont tous une connexion dans leur chambre. ....

....

c. Peu d'adolescents passent plus de 4 heures par jour sur Internet. ....

....

d. Les jeunes préfèrent passer plus de temps devant l'ordinateur que devant la télévision. ....

....

e. Les garçons sont presque aussi bavards que les filles. ....

....

f. La seule préoccupation des ados est l'exploration ludique. ....

....

Activité 5

Réécoutez et reformulez ces phrases.

Un tiers des petits Français surfent sur Internet dans leur chambre. ⇨ *Les chiffres indiquent que 33 % des petits Français (ou 3 Français sur 10) surfent sur Internet dans leur chambre.*

a. Ils le font régulièrement pour 77 % des 6-17 ans et 96 % des 15-17 ans.

....

b. 37 % des adolescents passent une à deux heures par jour devant leur écran contre 27 % qui y restent trois heures, 21 % quatre heures.

....

c. En France, 45 % des jeunes Français discutent sans limites, les garçons presque autant que les filles.

....

d. 70 % échangent sur une messagerie instantanée.

....

e. 30 % ont plus de 50 contacts.

....

Activité 6

Retrouvez les mots correspondants aux définitions.

a. Fil sous la terre qui me permet de voir la télévision : _ Â_ _ _

b. Objet dans l'espace qui me permet de voir la télévision : _ _ _ _ L L _ _ _

c. Objet rectangulaire avec lequel je peux changer de chaîne sans me déplacer : T _ _ _ _ _ _ M _ N D _

d. Nombre de téléspectateurs qui regardent un même programme de télévision : _ _ _ I E _ _ _

e. Sigle du Conseil supérieur de l'audiovisuel qui est la police de la télévision : _ _ _

f. Nom donné au tableau qui contient la liste de toutes les émissions de la journée :

_ _ _ _ _ E des _ _ O _ _ A _ _ _ _

Activité 7

Reliez les différents mots-clés aux types de programmes qui leur correspondent.

1. enfants et ados •	• **a.** divertissement
2. matchs et résultats •	• **b.** information
3. rire et jeux •	• **c.** cuisine
4. chanson et clip •	• **d.** jeunesse
5. connaissance et culture •	• **e.** sport
6. actualité et journal •	• **f.** musique
7. détente et feuilleton •	• **g.** série
8. recette et gastronomie •	• **h.** documentaire

Parmi les types de programmes, quel est celui qui peut englober / regrouper plusieurs mots-clés : ....

Activité 8

Classez dans le tableau les noms des programmes selon leur catégorie.

a. Jeu, set et match / **b.** Au cœur de l'actualité / **c.** La vie animale / **d.** Jenny et ses amis / **e.** Au menu du jour / **f.** Le mercredi, c'est amusant / **g.** Réponds, c'est banco / **h.** Jogging-baskets / **i.** Marc à la fac / **j.** Monte le son / **k.** Le théorème de Pythagore / **l.** Bonjour les petits / **m.** Questions-réponses / **n.** Entrée, plat, dessert / **o.** Au rythme du monde / **p.** Du vinyl au téléchargement / **q.** Sciences et santé / **r.** Étoiles / **s.** Une semaine parmi les hommes / **t.** Top 20 / **u.** Dans mon panier bio / **v.** Ça, c'est une équipe !

Divertissement	Info	Documentaire	Jeunesse	Musique	Série	Sport	Cuisine

Activité 9

Écrivez des phrases en utilisant les éléments proposés. Attention, si vous exprimez une habitude, mettez le verbe au présent. Dans les autres cas, conjuguez-le au passé ou au futur.

visiter musée – découvrir peintre – je ⇨ *J'ai découvert un peintre en visitant ce musée.*

a. surfer sur Internet – découvrir un site intéressant – je

....

b. prendre le petit-déjeuner – lire des journaux – nous

....

c. conduire – toujours écouter la radio – je

....

d. acheter le journal – contribuer au maintient de la presse – vous

....

e. installer cet antivirus – être rassuré – tu

....

f. prendre un abonnement à mon journal préféré – économiser 2 % – je

....

g. utiliser ce papier – protéger l'environnement – cette maison d'édition

....

h. aller au kiosque – se rendre compte – avoir de nombreuses revues sur l'histoire – ils

....

Activité 10

Complétez les phrases avec les mots proposés. Parfois plusieurs réponses possibles.

quand même – pourtant – malgré – bien que – alors que – cependant

a. .... toute sa bonne volonté, il n'arrivera pas à devenir un grand reporter.

b. .... il soit souvent critiqué, j'apprécie beaucoup ce présentateur.

c. .... Magalie fait des efforts pour s'intégrer dans sa nouvelle agence de publicité, personne ne lui adresse la parole.

d. La crise économique est bien là, ... les achats de télévision ne faiblissent pas.

e. Narcisse est totalement contre la parution de cet article, ... elle est obligée de le publier, c'est un ordre de sa hiérarchie.

f. Théo travaille habituellement sur des articles de fond mais il accepte .... de traiter l'actualité.

g. .... on s'attendait à une baisse des abonnements Internet, ils ont augmenté.

h. Aude sait pertinemment que cette émission n'est pas intéressante .... elle la regarde souvent car elle adore le présentateur.

Activité 11

1. Transformez les phrases a, c, d, e et h de l'activité précédente en utilisant *bien que*.

a. ....

c. ....

d. ....

e. ....

h. ....

2. Transformez les phrases b, c, e et f de l'activité précédente en utilisant *malgré*.

b. ....

c. ....

e. ....

f. ....

⑰ Activité 1

Écoutez les réponses pour écrire les questions. Puis écoutez l'interview en entier pour corriger.

1. .... ?
2. .... ?
3. .... ?
4. .... ?
5. .... ?
6. .... ?
7. .... ?

Activité 2

Classez les phrases dans le tableau en notant leur numéro.

a. Nous traiterons du problème du téléchargement.

b. Nous avons le plaisir et l'honneur d'accueillir...

c. Vous écoutez FIP, il est 18 h.

d. Pour finir la semaine, quoi de mieux que de parler des bons plans du week-end ?

e. Si vous souhaitez intervenir, vous pouvez nous joindre au 00 33 67 30 45 12.

f. Nous avons la chance d'avoir avec nous aujourd'hui notre amie et spécialiste...

g. Vous avez un truc à dire, téléphonez au...

h. Mais avant d'aller plus loin sur ce sujet, une page de pub.

i. Celui qui nous en parlera le mieux, c'est Igor Pristinov...

j. Pour laisser vos messages, appelez le 00 33 67 30 45 12.

k. À l'occasion de la Journée mondiale de la liberté de la presse, nous aborderons le thème de la censure.

	Langage familier / décontracté	Langage standard	Langage soutenu
Phrase qui sert à accueillir un invité			
Phrase qui sert à introduire un sujet			
Phrase qui sert à demander aux auditeurs de participer			
Phrase qui structure l'émission			

Activité 3

Maintenant, à vous de présenter oralement les trois thèmes avec leurs invités respectifs en vous aidant de l'exemple.

Bonjour à tous nos auditeurs, nous nous retrouvons aujourd'hui pour une émission consacrée aux nouvelles pratiques liées à Internet. Et, plus précisément, nous allons nous intéresser aux nouvelles formes de loisirs et d'achat de loisirs. Nous avons le plaisir de recevoir M. Ligenman, sociologue, spécialiste des pratiques sur Internet et, en face de lui, Mme Kirlenne, spécialiste en psychosociologie des loisirs de masse. Alors, bienvenue à tous les deux.

Je m'informe

Thème n° 1 : La loi Hadopi – invités : responsable d'un site de téléchargement gratuit – président d'une association de jeunes compositeurs.

Thème n° 2 : La création d'un nouveau magazine dédié aux nouvelles technologies GM TEC – invités : son fondateur et le directeur d'un autre magazine *Ordi pour tous.*

Thème n° 3 : La publicité d'aliments sucrés et gras pendant les programmes jeunesse – invités : le directeur de la marque Chococrunch et le président de l'Association de défense des consommateurs.

Activité 4

Associez les questions et les réponses en complétant le tableau.

Questions
1. Quelle est votre revue préférée ?
2. Combien de temps par jour consacrez-vous à la lecture ?
3. Selon vous, quel est le média le plus crédible ?
4. Écoutez-vous souvent la radio ?
5. J'aimerais savoir ce que vous regardez en priorité à la télévision.
6. J'aimerais savoir si vous pensez que le rôle de la télévision est plutôt d'informer ou de divertir.
7. Que pensez-vous des programmes de télévision pour les enfants de moins de 5 ans ?
8. Que diriez-vous d'une radio 100 % musicale ?

Réponses
a. Les deux, bien sûr, mais aucun dans l'excès.
b. Pour moi, c'est sans aucun doute la radio, suivie de très près par la presse écrite.
c. Que quelqu'un a enfin compris que si on allume la radio, c'est pour se distraire, pas pour entendre des gens débattre et se disputer.
d. Avant tout, le journal télévisé et après, tous les documentaires.
e. Je n'en lis pas, je préfère lire les journaux. Mais si je devais en choisir une, ça serait… *Sciences humaines.*
f. C'est un scandale. On ne devrait pas mettre un enfant devant la télévision.
g. En semaine, très peu car je suis très occupé. Le week-end beaucoup plus mais je ne peux pas vous donner un chiffre exact.
h. Non, rarement.

1	
2	
3	
4	
5	
6	
7	
8	

Activité 5

Écrivez la question en fonction de la réponse.

a. ....

Je le lis tous les jours.

b. ....

Je pense qu'ils sont très utiles pour se tenir informé de l'actualité de façon générale.

c. ....

En général, je l'écoute plutôt le week-end, sinon de temps en temps dans la voiture.

d. ....

Non, je n'ai aucun programme favori.

e. ....

Oui, je crois que c'est une bonne source d'information mais ce n'est pas la seule. Il faut varier les sources.

Activité 6

Trouvez les 9 mots appartenant au champ lexical des médias (verticalement ↓ et transversalement →).

N	U	D	I	E	N	E	D	N	O	M	L	Ç	I	Ç	L	W	K	V	L
Z	E	Q	D	O	G	J	S	N	H	I	M	E	L	T	U	G	Y	O	K
M	Q	A	I	N	Ç	W	N	R	Q	C	X	T	N	Y	N	V	N	I	O
K	S	K	U	P	N	I	Q	U	E	R	N	F	T	Q	F	Ç	D	X	W
I	J	X	G	M	A	X	O	B	Z	O	J	K	D	A	U	B	W	K	O
B	D	O	F	F	Z	R	N	R	G	T	G	A	E	K	Y	E	R	E	U
C	N	F	U	S	R	Q	S	I	R	R	L	W	J	V	R	E	T	O	E
P	S	A	F	R	R	O	K	Q	D	O	G	E	X	C	T	X	P	E	N
R	O	Ç	F	H	N	K	B	U	W	T	D	J	E	R	S	G	A	Q	R
E	U	Q	G	C	F	A	Z	E	I	T	Z	Ç	O	S	E	M	Z	R	E
S	L	H	K	B	W	A	L	E	H	O	C	P	Ç	F	P	J	K	Z	G
E	D	A	E	N	H	H	L	I	T	I	E	A	P	W	Ç	Q	T	M	I
N	Z	X	I	M	Z	C	N	R	S	R	T	G	U	B	X	P	F	Y	S
T	B	M	Q	X	I	J	Q	K	S	T	C	J	C	A	J	O	E	R	T
A	H	S	F	R	O	S	J	R	U	S	E	Ç	G	X	Z	U	K	K	R
T	X	R	A	N	J	G	S	Z	R	U	Y	I	M	P	R	H	D	O	E
E	T	B	Q	W	A	K	K	I	M	T	O	G	K	U	E	B	S	X	M
U	P	N	O	A	P	Y	L	S	O	L	J	W	G	C	F	Y	S	V	E
R	F	M	Ç	J	R	L	F	J	F	N	A	Q	L	D	X	W	L	E	N
M	S	Y	I	C	G	N	C	A	A	Q	O	E	J	D	B	H	N	E	T

REPORTER

PRÉSENTATEUR

ÉMISSION

JOURNALISTE

ENREGISTREMENT

MICRO-TROTTOIR

ENQUÊTE

VOIX

RUBRIQUE

(18) Activité 7

Écoutez les mots. Relevez uniquement ceux qui expriment un but. Puis classez les mots en fonction de leur utilisation : avec le subjonctif ou avec l'infinitif.

Infinitif	Subjonctif

Activité 8

Cochez « oui » si l'affirmation est correcte et « non » si elle est fausse.

a. « De peur que » est un synonyme de « de crainte que ». ☐ Oui ☐ Non

b. « Pour de » existe. ☐ Oui ☐ Non

c. Il est possible d'utiliser « de peur de ». ☐ Oui ☐ Non

d. Il est possible d'utiliser « de manière à ce que ». ☐ Oui ☐ Non

e. Il est possible d'utiliser « de sorte à ». ☐ Oui ☐ Non

Activité 9

Transformez les phrases en utilisant l'expression proposée.

Je ne fais pas de bruit pour ne pas déranger l'enregistrement radio. (de manière à)
⇨ Je ne fais pas de bruit de manière à ne pas déranger l'enregistrement radio.

a. Je lis la presse pour me tenir informé. (afin de) ....

b. Le journal a pris une bonne connexion à Internet pour permettre à ses employés de travailler dans de bonnes conditions. (de sorte que) ....

c. Nathalie consulte les journaux en ligne pour ne rater aucune information importante. (de peur de)

....

d. Mathias s'est inscrit sur Internet pour participer à l'enregistrement de son émission radio favorite. (dans le but de) ....

e. Nicolas consulte plusieurs fois par jour les brèves pour rester au courant des nouvelles. (de façon à)

....

f. Les grands groupes d'information sont équipés de très bon antivirus pour être protégés contre les attaques pirates. (de manière à ce que) ....

Activité 10

Transformez ces phrases en questions afin de réaliser un questionnaire. Variez les structures.

Les informations sur Internet

a. Consulter la presse sur Internet.

....

b. Avoir un usage privé ou professionnel des informations.

....

c. Citer les principaux journaux en ligne consultés.

....

d. Temps consacré à la lecture des informations par jour en semaine.

....

e. Même temps consacré à la lecture des informations le week-end ?

....

f. Avantages et inconvénients de la presse sur Internet.

....

g. Se passer de la presse sur Internet aujourd'hui.

....

h. Pour la survie de la presse, être disposé à payer un abonnement.

....

Activité 11

Posez vos questions (activité 10) à quelques camarades de classe. Puis, analysez les réponses et présentez vos résultats à la classe.

La majorité des personnes interrogées vont tous les jours sur Internet pour lire les informations...

Bilan

1. Écoutez cet extrait d'émission sur l'utilisation d'Internet et répondez aux questions.

a. Cette information est le bilan de combien d'enquêtes ?

....

b. De quand datent-elles ?

....

c. Comment s'appellent les deux entreprises de sondage ?

....

d. Qu'est-ce qui plaît le plus aux utilisateurs d'Internet ?

....

e. Qu'est-ce que les plus de 50 ans apprécient surtout avec Internet ?

....

f. Quelle est l'activité principale des 18-24 ans sur Internet ?

....

g. Combien de fois par jour un Français entre-t-il en contact avec un média ?

....

h. Quel est le pourcentage de Français qui consultent Internet au moins une fois par jour ?

....

i. Quelle est la place d'Internet par rapport à l'utilisation des médias en France ?

....

2. Vous voulez en savoir plus sur la place qu'occupe Internet parmi les différents médias. En faisant des recherches sur Internet, vous trouvez ces graphiques. Commentez-les.

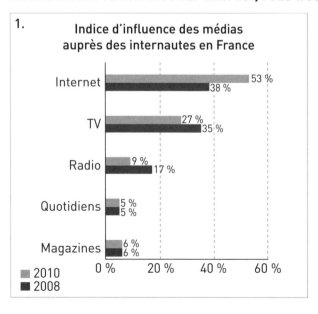

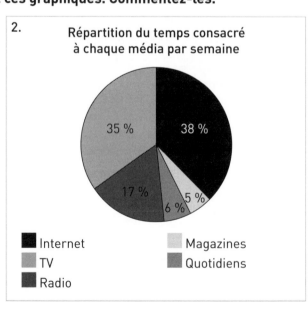

....

....

....

À Paris

3. Laissez un commentaire sur le site Internet où vous indiquez pourquoi, selon vous, Internet est devenu un média incontournable et populaire. Puis donnez des pistes de réflexion sur ce qu'il faudrait faire pour que les autres médias ne disparaissent pas. Utilisez le gérondif, les expressions de but, d'opposition et de concession.

En répondant davantage aux attentes des gens, la radio et la télévision pourraient récupérer de l'audience. Afin de ne pas perdre plus de téléspectateurs, la télévision devrait diffuser plus de documentaires...

....

....

....

4. Afin de préparer au mieux votre émission de radio, rédigez les questions que vous allez poser à vos invités.

Utilisation de ce média par les Français (comment) ⇨ *Comment les Français utilisent ce média ?*

a. Part de la population qui a accès à Internet (quel)

⇨ ....

b. Site préféré (est-ce que)

⇨ ....

c. Sites préférés en général (quel)

⇨ ....

d. Les Français s'informer (comment)

⇨ ....

e. Population surfant le plus sur Internet (qui)

⇨ ....

f. Raisons pour surfer (quel)

⇨ ....

g. Temps moyen passé devant l'écran (combien)

⇨ ....

h. Moment de la journée où les Français surfent le plus (quand)

⇨ ....

5. Toutes ces recherches avaient pour but de vous documenter sur votre prochain thème d'émission radio. En utilisant toutes les données des activités précédentes, écrivez votre texte de présentation. Vous introduisez le thème de l'émission, les invités et vous incitez les auditeurs à vous transmettre leurs expériences. Vous préparez aussi vos questions. Présentez votre émission devant vos camarades.

Thème : Les Français et Internet

Invités : le directeur d'un institut de recherche et de sondage / un sociologue – auteur d'un livre : *Nous nous internetisons*

....

....

....

Activité 1

Mme Hauptimiste et Mme Gemrien vont voir la même exposition. Lisez ce que Mme Gemrien dit, puis écrivez ce que Mme Hauptimiste pourrait dire.

Mme Gemrien : « Moi, j'ai détesté cette exposition. C'était franchement nul ! C'était laid, moche, horrible. Je crois que c'est la pire exposition de ma vie. On a déjà vu et revu ces toiles 50 000 fois ; elles sont de mauvais goût et d'une qualité lamentable. Ça laisse vraiment à désirer. Je trouve ça vraiment honteux d'oser faire une exposition avec ces toiles, ce n'est que du réchauffé. C'est vraiment minable. Je suis hors de moi, vous ne pouvez pas savoir à quel point.

Mme Hauptimiste : ....

....

....

....

Activité 2

Écoutez ces quatre faits divers concernant l'art et attribuez-leur une photo.

d. ....

b. ....

a. ....

c. ....

Activité 3

Écoutez à nouveau les faits divers et répondez aux questions.

a. Quel est le thème commun aux quatre faits divers ?

☐ 1. la sculpture ☐ 2. l'archéologie ☐ 3. l'imitation = la contrefaçon

☐ 4. le commerce illégal = la fraude ☐ 5. l'argent gagné facilement

b. Indiquez dans quels pays se passent ces faits divers.

Fait divers n° 1 : .... Fait divers n° 3 : ....

Fait divers n° 2 : .... Fait divers n° 4 : ....

c. Indiquez à quel fait divers se rapportent ces phrases en complétant le tableau.

A. Il s'agit d'objets pris dans un cimetière.
B. La police est toujours à sa recherche.
C. C'est sur un réseau social que le scandale a été dévoilé.
D. La vente illégale d'œuvres d'art permet de gagner jusqu'à 6 milliards d'euros par an.
E. Ce n'est pas son premier délit.
F. Ce site a révélé tous les scandales.
G. Une arrestation a été menée en collaboration avec un autre pays.
H. Le faux est tellement bien fait qu'il a pu tromper les professionnels d'un musée.
I. Ce sont les professionnels du musée qui exerçaient le commerce illégal d'antiquités.

J. La contrebande permet de blanchir de l'argent.
K. Un objet du vol a été vendu légalement.

Fait divers 1	Fait divers 2	Fait divers 3	Fait divers 4
....	....	....	....

20 Activité 4

Écoutez à nouveau. Lisez ces phrases issues des faits divers. En vous aidant du contexte, retrouvez la définition des mots soulignés.

a. Démantèlement d'un réseau de trafic d'objets archéologiques.
b. C'est un faussaire d'un nouveau genre.
c. L'escroc, qui se fait passer pour un prêtre jésuite est soupçonné de duper les institutions depuis plus de vingt ans.
d. Il faut dire que les copies réalisées par le faux mécène seraient d'une grande qualité.
e. Vols, casse d'antiquités, escroqueries à la billetterie, commerce illégal de pièces anciennes, le musée de la Cité interdite croule sous les scandales.
f. Une filière de contrebande internationale d'antiquités égyptiennes et de blanchiment d'argent a été démantelée.
g. Il faut dire que la vente illicite de biens culturels est « la troisième plus rentable de l'industrie du marché noir après les stupéfiants et le trafic d'armes » selon un agent des douanes.

1. .... : financeur, sponsor.
2. .... : synonyme de voleur, bandit, voyou.
3. .... : tromper.
4. .... : destruction, renversement.
5. .... : détruire, supprimer, défaire.
6. .... : rendre légal de l'argent reçu illégalement.
7. .... : être écrasé par le poids de quelque chose – être accablé, surchargé.
8. .... : personne qui fait des faux – falsificateur, trompeur.
9. .... : vol, arnaque.
10. .... : service de police aux frontières qui surveille les importations et les exportations.
11. .... : marché illégal.
12. .... : illégal.
13. .... : drogue.
14. .... : commerce illégal.
15. .... : commerce (ici illégal).

Activité 5

À votre tour, racontez un fait divers.

....
....
....
....

㉑ Activité 6

Écoutez ce qui dit le guide et écrivez un mail à un ami pour lui raconter. Utilisez la forme passive.

1. Pablo Picasso ....

....

....

....

2. Henri Matisse ....

....

....

....

3. Auguste Rodin ....

....

....

....

Activité 7

Complétez les phrases avec *que* ou *dont*. (Attention à l'élision.)

a. Parmi tous les objets qui se trouvent dans cette pièce, voici celui ....

j'aime le plus et .... je ne pourrais plus me séparer.

b. Marc est un artiste .... je suis un admirateur depuis des années.

c. La poésie n'est pas un art .... je sais apprécier.

d. Tiens, voici l'atelier de peinture .... Maud nous a parlé hier soir.

e. Il y a un concert de jazz .... je voudrais écouter ce soir,

celui .... le violoncelliste vient spécialement du Costa Rica.

f. Tu ne sais pas de qui je parle ? Mais si, c'est le musicien .... *Rythme et*

Musique a fait sa une.

g. Est-ce qu'il y a un opéra .... tu voudrais écouter ?

Activité 8

Complétez avec les pronoms relatifs qui conviennent (*qui, que, dont, où*).

a. C'est Julien .... a peint le tableau .... est accroché dans notre salon.

b. Voici une sculpture de l'époque .... j'étais très créative.

c. C'est un artiste .... je n'aime pas beaucoup. Il crée des œuvres .... ne m'émeuvent pas.

d. Gaudí est un artiste .... je ne sais pas grand-chose.

e. L'architecture est un art .... Hélène ne considère pas comme tel.

f. La poésie est un art .... laisse Maël indifférent mais .... il aimerait apprécier.

g. La danse est l'activité sportive .... je préfère et .... je pratique depuis l'âge de 6 ans.

h. La photo .... a le plus touché Christine est celle .... est accrochée au mur là-bas.

i. S'il y a bien un art .... je ne pourrai jamais pratiquer, c'est bien la peinture. Remarque,

le peintre .... je suis fan ne fait que des dessins abstraits !

j. Le réalisateur .... Marion admire le plus a tourné un documentaire .... je trouve

absolument abominable mais .... a reçu de très bonnes critiques.

Activité 9

Répondez aux questions, associez et complétez.

a. Si vous deviez classez les arts, combien de catégories feriez-vous ? 3, 8, 15, plus ?

....

b. Quelles seraient ces catégories ?

....

....

c. Au XIXe siècle, le philosophe Hegel classe les arts en 5 catégories. Son classement va de l'art le moins expressif et qui utilise le plus de matière au plus expressif et qui utilise le moins de matière. Retrouvez son classement ! Associez chaque art à sa définition et à son rang.

1. combinaison harmonieuse de sons	peinture	1er art
2. science et technique de la construction	musique	2e art
3. genre littéraire qui s'écrit en vers	architecture	3e art
4. recouvrir une surface d'une matière colorée	sculpture	4e art
5. tailler une matière dure en 3 dimensions	poésie	5e art

d. Actuellement, il est établi que les arts sont classés en 9 catégories, comme les 9 muses. Associez et complétez.

6e art	1. le cinéma
7e art	2. la bande dessinée
8e art	3. les arts de la scène : qui regroupe la d_ _ _ _ et le t _ _ _ _ _ _
9e art	4. les arts médiatiques : qui regroupe la r_ _ _ _, la t_ _ _ _ _ _ _ _, la ph_ _ _ _ _ _ _ _ _ _

e. Êtes-vous d'accord avec ce classement ? Pourquoi ? Quel serait votre classement ? Selon quels critères ? Expliquez.

....

....

....

....

f. Pour vous, quel devrait être le 10e art ? Les jeux vidéo, la gastronomie, le maquettisme, la calligraphie, les massages orientaux, la mode... ? Donnez votre point de vue.

....

....

....

(22) Activité 1

Écoutez puis notez le numéro correspondant à chaque personne.

a. Cette personne préfère les romans historiques : n° ....

b. Cette personne cherche un moment d'évasion : n° ....

c. Cette personne cherche à se laisser emporter par le roman : n° ....

d. Cette personne attend que le roman la surprenne : n° ....

e. Cette personne cherche à ce que le roman soit facile à lire : n° ....

f. Cette personne cherche à donner du plaisir à ses lecteurs : n° ....

g. Cette personne cherche à apprendre des choses grâce au roman : n° ....

h. Cette personne demande aux auteurs d'être un peu plus créatifs : n° ....

i. Cette personne attend d'un roman qu'il soit visionnaire : n° ....

j. Cette personne attend d'un roman qu'il soit bien écrit : n° ....

k. Cette personne demande que le roman puisse critiquer la société : n° ....

(22) Activité 2

Réécoutez puis relevez les expressions qui servent à exprimer un souhait, une volonté ou donner un conseil.

Personne n°	Expression(s) utilisée(s)	Exprime un souhait (S), une volonté (V), un conseil (C)
1	....	....
2	....	....
3	....	....
4	....	....
5	....	....
6	....	....
7	....	....
8	....	....

Activité 3

Complétez les phrases suivantes avec les expressions de souhait proposées. Plusieurs expressions sont parfois possibles.

il faudra – il faudrait – je préfèrerais – ce que je voudrais – je voudrais – j'espère – je souhaiterais – ils veulent

a. ...., c'est que mes livres puissent être achetés partout dans le monde.

b. .... que mes romans soient traduits dans toutes les langues.

c. .... que tous mes livres plaisent aux gens.

d. .... écrire moins mais que ce soit de bonne qualité.

e. .... que mon futur roman plaira à mes lecteurs.

f. .... que je fasse des séances de dédicaces l'année prochaine.

g. .... avoir plus de contacts avec mes lecteurs.

h. Mes lecteurs ne veulent pas qu'on leur raconte des histoires, ... que je leur dise la vérité.

Activité 4

Lisez ces appréciations et indiquez si elles expriment un avis positif 👍 ou négatif 👎 en cochant la case.

	👍	👎
a. Je m'attendais à mieux.		
b. Thibault s'est éclaté comme un fou.		
c. On ne pensait pas qu'il allait venir, on est agréablement surpris.		
d. Ça nous plaît d'aller voir ce film en VO.		
e. Kerry préfère les versions françaises sinon elle n'arrive pas à lire les sous-titres et elle perd la moitié du film, ça l'agace.		
f. Je crains de faire des cauchemars toutes les nuits si je regarde un film d'horreur en 3D, pas toi ?		
g. Nous avons enfin assisté à notre premier opéra. Nous ne pensions pas autant apprécier.		
h. Je ne supporte plus de voir sa tête à la télé.		
i. Ça laisse vraiment à désirer.		

Activité 5

En vous aidant des phrases de l'activité précédente, donnez une appréciation sur :

a. le dernier film que vous avez vu : ....

....

b. la dernière émission de radio que vous avez écoutée : ....

....

c. le dernier album que vous avez acheté : ....

....

d. un présentateur(trice) de télévision : ....

....

e. la dernière interprétation de votre acteur(trice) préféré(e) : ....

....

f. la dernière chose que vous avez pensé de votre meilleur(e) ami(e) : ....

....

Activité 6

Voici la présentation de quatre types de roman. Complétez le tableau avec les numéros des phrases.

Les personnages
a. Les personnages rapportent leurs découvertes, confient leurs émotions, entretiennent le dialogue avec un être cher.
b. Les rebondissements sont nombreux, les obstacles rencontrés obligent le héros à faire preuve d'audace et de courage, de ruse et de force.
c. Un vol, une disparition, une mort brutale conduisent le héros à trouver des indices et des mobiles, à interroger les suspects, à résoudre l'énigme.
d. Les personnages fictifs croisent des personnages historiques.

Les caractéristiques principales
1. Faire revivre le passé, recréer l'atmosphère d'une époque disparue : le romancier offre alors au lecteur un univers romanesque ancré dans l'Histoire. On y retrouve les lieux pittoresques, les objets mais aussi les conflits politiques et militaires, les structures sociales et les confrontations idéologiques qui ont animé une époque.
2. L'usage de l'esprit scientifique, du raisonnement logique stimulé par la découverte d'un crime fait le plaisir. Au terme de son enquête, la violence a été déchiffrée, l'ordre restauré...
3. Secrètes, perdues, interceptées : les intrigues se croisent, le roman progresse à travers le jeu subtil des correspondances.
4. Le roman d'aventures projette le lecteur dans un univers différent du sien.

Les auteurs célèbres
A. Jules Verne intègre la science, associant l'exploration trépidante de la Terre avec le développement des découvertes techniques.
B. C'est que les grands détectives, Sherlock Holmes de C. Doyle, Hercule Poirot d'A. Christie ou encore Maigret de G. Simenon, ne traquent pas tel ou tel criminel mais le Mystère lui-même.
C. Dans les chefs-d'œuvre du roman épistolaire, nous pouvons citer les *Lettres persanes* de Montesquieu ou *Les Liaisons dangereuses* de Laclos.
D. Des écrivains prestigieux comme Victor Hugo ou Alexandre Dumas illustrent ainsi le roman historique.

	Les personnages	Les caractéristiques principales	Les auteurs célèbres
Le roman par lettres	....	....	....
Le roman historique	....	....	....
Le roman d'aventures	....	....	....
Le roman policier	....	....	....

Activité 7

Selon vous, quels sont les mots qui représentent ou qui résument le mieux chaque type de roman ? Expliquez pourquoi.

a. Le roman par lettres ....
....
....

b. Le roman historique ....
....

c. Le roman d'aventures ....

....

....

d. Le roman policier ....

....

....

Activité 8

Écrivez les verbes au subjonctif puis indiquez si la phrase exprime une volonté (V), un souhait (S), un doute (D), une émotion (E) ou une obligation (O) en remplissant le tableau.

a. Je voudrais que tu me .... (réserver) une place pour le prochain spectacle de danse.

b. Nous sommes ravies que tu .... (venir) avec nous.

c. Il faut absolument que vous .... (assister) à la répétition, c'est génial.

d. Comme romancier, il est très bon mais je doute qu'il .... (être) aussi doué pour la réalisation de film.

e. Dario est surpris que tu .... (avoir) aimé cette adaptation cinématographique.

f. Si vous voulez arriver à l'heure à la représentation, il faudrait que vous .... (partir) maintenant.

g. Melvin ne veut pas que tu .... (s'impliquer) dans ce rôle, tu n'es que la remplaçante.

a.	b.	c.	d.	e.	f.	g.
....	....	....	....	....	....	....

Activité 9

Conjuguez les verbes entre parenthèses au subjonctif, à un temps de l'indicatif ou à l'infinitif.

a. On se demande si Teiki .... (être) à la hauteur pour ce rôle.

b. Après que nous .... (aller) au cinéma, nous .... (dîner) dans un restaurant thaï.

C'............................. (être) une soirée géniale.

c. Il faut que tu .... (savoir) que le métier d'acteur n'est pas aussi glamour que

cela .... (pouvoir) paraître.

d. Je pense qu'il faut .... (s'inscrire) pour obtenir une réduction.

e. Je ne pense pas qu'il .... (falloir) montrer sa carte d'identité pour rentrer, c'est ouvert

à tout le monde, même aux mineurs.

f. Il est important de .... (donner) son avis

au metteur en scène.

g. Afin que nous .... (pouvoir) organiser correctement

la soirée et pour qu'elle .... (plaire)

à tout le monde, il est important que vous me .... (dire)

quels sont vos goûts musicaux.

h. J'espère que tu .... (apprécier) le spectacle.

X Bilan

 1. Lisez cet article et remplissez le tableau.

UNE FEMME DE MÉNAGE DÉTRUIT ACCIDENTELLEMENT UNE ŒUVRE D'ART

Hier, le directeur du musée national autrichien a annoncé qu'une de leurs femmes de ménage avait détruit une œuvre d'art sans le vouloir. Celle-ci était composée d'une superposition de cartons abîmés sur une caisse en bois qui se trouvait dans le coin d'une pièce. Cette « sculpture contemporaine » valait 300 000 €. Le directeur a tenu à souligner que son employée n'était pourtant pas novice dans le métier mais qu'elle effectuait un remplacement. Cette dernière affirme avoir voulu bien faire en jetant les cartons à la poubelle et regrette profondément son geste. La femme de ménage est actuellement en garde à vue et est interrogée par la brigade de lutte contre la contrefaçon. L'auteur de l'œuvre dénonce un vol maquillé. Son avocat entend bien faire condamner la criminelle et a d'ailleurs entamé des poursuites contre le musée qui malheureusement n'avait pas encore assuré l'œuvre. En effet, la construction n'était arrivée que 14 heures avant sa destruction.

Qui	Où	Quand	Quoi	Comment	Pourquoi
....	....	....	....	....	....
....	....	....	....	....	....

 2. Relisez l'article de l'activité 1 et faites un résumé en écrivant les phrases au passif. N'hésitez pas à changer la structure des phrases pour rendre la transformation possible.

....

....

....

....

....

....

....

23 **3.** Écoutez ces personnes qui réagissent à cette information insolite. Indiquez si les appréciations des personnes sont positives (+) ou négatives (−) en complétant le tableau.

1	2	3	4	5	6	7	8	9	10

À Nantes

4. **Complétez avec les pronoms relatifs qui conviennent pour retrouver ce dont on parle.**

a. C'est une chose .... me passionne.

b. C'est une chose .... peut se diviser en plusieurs catégories.

c. C'est une chose .... j'aime depuis que je suis enfant.

d. C'est une chose .... peu de gens savent apprécier.

e. C'est une chose .... me réconforte quand ça ne va pas.

f. C'est une chose .... je recherche quand je suis à l'étranger.

g. C'est une chose .... remplace le chocolat que mangent les gens pour aller mieux.

h. C'est une chose .... j'ai besoin pour vivre.

i. Bref, c'est une chose .... je ne pourrais pas me passer.

⇨ C'est ....

5. **À vous ! Donnez votre opinion sur le fait divers insolite de l'article (activité 1).**

....

....

....

....

....

....

6. **En tant qu'artiste, vous expliquez ce qu'il faudrait faire (ou ne pas faire) pour qu'un tel incident ne se reproduise plus. Vous exprimez le souhait et la volonté.**

Exemple : J'aimerais qu'à l'avenir les femmes de ménage aient une formation en art. Il faudrait mieux signaler les œuvres d'art. Je voudrais que les musées nous garantissent la bonne prise en main de nos œuvres.

㉔ Activité 1

Écoutez et indiquez si les affirmations sont vraies ou fausses. Justifiez vos réponses.

a. Le Bisphénol A est une substance peu utilisée dans l'emballage alimentaire. ....

....

b. Le Bisphénol A n'est pas dangereux si le récipient n'est pas soumis à de la chaleur. ....

....

c. Le Bisphénol A est suspecté de provoquer de nombreuses maladies. ....

....

d. Le Bisphénol A n'a des effets nocifs que sur les enfants. ....

....

e. Le Bisphénol A n'est dangereux qu'à forte dose au stade prénatal. ....

....

㉔ Activité 2

Réécoutez et répondez aux questions.

a. Citez au moins trois objets dans lesquels il est possible de trouver du Bisphénol A.

....

b. Que dérègle le bisphénol A ?

....

c. Quelle maladie peut-il provoquer ?

....

d. Pourquoi les agences sanitaires estiment qu'il n'y a pas de risques pour la population ?

....

e. À quelles maladies une exposition au Bisphénol A pendant le stade prénatal créerait-elle un terrain favorable ?

....

f. Relevez les risques que ce produit peut comporter pour les femmes.

....

Activité 3

À partir des réponses à l'activité 2, rédigez quelques phrases pour exprimer vos craintes par rapport à ce produit.

Je suis angoissée de savoir que de nombreux produits comportent du Bisphénol A.

....

....

....

....

Vie associative

Activité 4

Reprenez la liste des verbes de déclaration qui se trouve dans votre livre *Agenda 3* p. 99 et classez-les dans le tableau ci-dessous en fonction de la catégorie à laquelle ils appartiennent.

Verbes indiquant une progression	Verbes indiquant une interaction entre 2 personnes	Verbes indiquant une attitude neutre du locuteur	Verbes indiquant l'humeur du locuteur (joie, colère...) ou un avis subjectif
ajouter, ...	demander, ...	dire, ...	prévenir, nier, ...
....	....	....	....
....	....	....	....
....	....	....	....
....	....	....	....

Activité 5

Lisez les phrases, soulignez les verbes de déclaration puis classez-les dans le tableau de l'activité 4.

a. « Les derniers tests ont montré une augmentation due au taux de bisphénol A dans les urines », déclare le directeur de recherches. « Il faut que le gouvernement prenne des décisions rapidement, poursuit-il, sinon nous risquons d'avoir de sérieux problèmes dans l'avenir » gronde-t-il.

b. « Les citoyens ne veulent pas d'OGM dans leurs assiettes » analyse-t-elle. « Nous n'avons pour l'instant pas assez de recul pour connaître leur véritable impact sur le corps humain » renchérit-elle. « Par principe de précaution, il faut absolument les retirer du marché » martèle-t-elle.

c. À notre question : « Les antennes relais sont-elles vraiment dangereuses ? », le président de l'association *Vivons sans antennes* nous rétorque « évidemment qu'elles le sont ! » et il s'exclame : « Comment vous expliquez l'augmentation spectaculaire de cancer depuis les 10 dernières années ? Tout ça, ce n'est que politique et profit, il y a vraiment trop d'argent en jeu pour qu'on les interdise, c'est lamentable » s'insurge-t-il.

d. « Il y a eu de nombreux décrets européens qui ont interdit certains pesticides », note la directrice de la fédération de l'agriculture responsable. « Je ne peux pas le nier » murmure-t-elle. « Nous voyons se développer un véritable intérêt de la part des citoyens pour ne consommer que des aliments qui proviennent de la région », se réjouit-elle. « Il faut que cela continue et c'est tous ensemble que nous pourrons faire avancer les choses » conclut-elle.

Activité 6

Les verbes de déclaration servent à donner aux lecteurs des indications sur l'état d'esprit et l'attitude de la personne interviewée. Réécrivez une des phrases de l'activité 5 en changeant uniquement les verbes de déclaration afin de modifier l'impression donnée.

« Les derniers tests ont montré une augmentation du taux de bisphénol A dans les urines » s'emporte le directeur de recherches. « Il faut que le gouvernement prenne des décisions rapidement, s'insurge-t-il, sinon nous risquons d'avoir de sérieux problèmes dans l'avenir » regrette-t-il.

....

....

....

....

....

Activité 7

Lisez l'article et répondez aux questions.

Bénévolat et volontariat en Europe

Dans l'Union européenne, sur 495 millions d'habitants, entre 92 et 94 millions de personnes sont bénévoles, soit 22 à 23 % des Européens de plus de 15 ans.

Ce taux d'engagement est variable selon les États. Il peut représenter 40 % de la population adulte en Suède ou aux Pays-Bas, ou à l'inverse moins de 10 % en Bulgarie ou en Lituanie, par exemple. L'engagement bénévole en France s'inscrit dans la moyenne avec 26 % de la population adulte.

Indépendamment de ces disparités nationales, le nombre de bénévoles et de volontaires a tendance à augmenter en Europe depuis dix ans. Plusieurs raisons l'expliquent : une prise de conscience des problèmes sociaux et environnementaux, des initiatives publiques pour promouvoir l'engagement, un nombre croissant d'organisations de bénévoles et de volontaires. Dans plus de la moitié des pays de l'Union européenne, une proportion importante des bénévoles s'implique dans le domaine du sport.

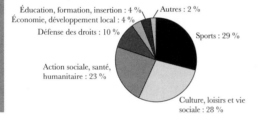

Éducation, formation, insertion : 4 %
Économie, développement local : 4 %
Défense des droits : 10 %
Action sociale, santé, humanitaire : 23 %
Autres : 2 %
Sports : 29 %
Culture, loisirs et vie sociale : 28 %

Qui sont les bénévoles en France ?

☞ On estime actuellement à environ 14 millions le nombre de bénévoles. Ils animent 1 100 000 associations.

☞ Le volume annuel d'heures consacrées au bénévolat a augmenté de 5 % par an depuis 1999.

☞ Un tiers des bénévoles déclarent être des bénévoles réguliers.

☞ Les bénévoles dirigeants d'associations restent majoritairement des hommes (54 %) ayant un diplôme de niveau bac ou plus mais le nombre de femmes progresse sensiblement.

☞ 27 % de ceux qui ont une activité professionnelle sont bénévoles dans une association alors que seulement 21 % des retraités le sont.

Pourquoi faire du bénévolat ?

La principale motivation invoquée par 81 % des bénévoles : se sentir utile à la société et faire quelque chose pour les autres. Pour 45 % d'entre eux également : rencontrer des personnes partageant les mêmes préoccupations ou goûts. Pour 28 % : défendre des droits ou des causes.

Le bénévolat dans les associations représente environ 935 000 emplois à temps complet.

a. Quelles sont les quatre parties du document ? Choisissez parmi les propositions (éliminez les intrus) et mettez-les dans l'ordre.

1. Les raisons de l'engagement des bénévoles : n°.........

2. Les différents domaines d'engagement : n°.........

3. Les problèmes rencontrés par les bénévoles en France : n°.........

4. L'état des lieux du bénévolat en Europe : n°.........

5. La répercussion du bénévolat sur l'économie et l'emploi en France : n°.........

6. Portrait des bénévoles en France : n°.........

b. Citez au moins une des raisons expliquant l'augmentation de cet engagement.

....

c. Quel est le domaine qui regroupe le plus de bénévoles ?

....

d. Parmi les domaines d'activités des associations, quel est celui qui n'est pas cité dans le document ? Barrez-le.

économie – culture – loisirs – santé – formation – droit – environnement – humanitaire – éducation

e. Quelle est la raison principale qui pousse les gens à faire du volontariat ? Entourez le numéro de la phrase.

1. Rencontrer des personnes partageant les mêmes intérêts.

2. Se sentir utile à la société. **3.** Défendre des droits ou des causes.

f. Combien d'emplois à temps plein représente le bénévolat dans les associations ?

....

Vie associative

Activité 8

Transformez les phrases en utilisant *y* ou *en*.

a. Elle s'est installée à la campagne il y a quatre ans maintenant. ....

b. Cet agriculteur ne connaît rien aux pesticides. ....

c. Elle croit sincèrement à la disparition des OGM. ....

d. Nous nous réjouissions de ce nouveau projet de loi contre les antennes relais.

....

e. Delphine ne peut pas changer d'avis aussi facilement.

....

f. Cet homme n'est pas très malin, il se vante de ne pas respecter la loi devant la caméra.

....

g. Nous assistons malheureusement à la fin d'une époque dorée.

....

Activité 9

Certaines expressions utilisant *y* et *en* sont des expressions toutes faites.
Associez pour retrouver la signification de chacune d'entre elles.

a. Je n'y suis pour rien.

b. J'y suis.

c. J'y tiens.

d. Il s'y connaît.

e. Je n'y manquerai pas.

f. Ça y est.

g. Je n'en peux plus.

h. Je lui en veux.

i. Ne t'en fais pas.

j. J'en ai pour quelques instants.

1. C'est fini, l'objectif est atteint.

2. C'est un spécialiste.

3. Ne t'inquiète pas.

4. C'est important pour moi.

5. Ce n'est pas de ma faute.

6. Je suis épuisé.

7. Je le ferai.

8. J'ai presque fini.

9. J'ai compris.

10. J'ai de la rancœur envers lui.

Activité 10

Transformez les phrases suivantes au style indirect. Variez les verbes introducteurs.

« Les gens prendront-ils conscience de l'importance de consommer des produits sans pesticides ? »
⇨ *Il se demande si les gens prendront conscience de l'importance de consommer...*

a. « Les gens préfèrent de plus en plus se rendre utiles. »

....

b. « Avant, je ne m'intéressais pas aux produits bio ; maintenant, je milite pour que les gens en consomment plus. »

....

c. « Je ne peux pas me permettre de dépenser plus pour mon alimentation. »

....

d. « Baissez les prix des légumes bio et j'en achèterai. »

....

(25) Activité 1

Un de vos amis vous demande ce que vous pensez du règlement de « la bonne cohabitation » qu'il vient d'écrire. Vous le trouvez un peu trop directif. Vous le réécrivez de manière plus agréable. Puis écoutez pour obtenir une correction possible.

Pas de bruit la nuit. ⇨ *Il est strictement interdit de faire du tapage nocturne.*

a. Jeter les poubelles tous les jours. ....

b. Faire le tri. ....

c. Pas de vaisselle dans l'évier. ....

d. Ménage une fois par semaine minimum. ....

e. Pas d'invités en semaine. ....

f. Pas de tabac. ....

g. Pas d'alcool. ....

h. Pas d'animal de compagnie. ....

i. Payer le loyer le 3 de chaque mois. ....

j. Courses une fois par semaine. ....

Activité 2

Complétez chaque proposition par une obligation et une interdiction comme dans l'exemple ci-dessous.

Que faut-il faire ou ne pas faire pour être un bon avocat ?
⇨ *Il est indispensable de connaître parfaitement le code civil. Il est totalement interdit de dénoncer son client.*

a. Que faut-il faire ou ne pas faire pour être un bon bénévole ?

....

....

b. Que faut-il faire ou ne pas faire pour être un bon directeur de banque ?

....

....

c. Que faut-il faire ou ne pas faire pour être un bon voisin ?

....

....

d. Que faut-il faire ou ne pas faire pour être un maire irréprochable ?

....

....

e. Que faut-il faire ou ne pas faire pour être un bon professeur ?

....

....

f. Que faut-il faire ou ne pas faire pour être un bon top modèle ?

....

Vie solidaire

Activité 3

Associez les réponses (à droite) en fonction de ce qui est dit (à gauche). Puis soulignez les expressions du regret et du reproche.

a. Désolé pour le retard.

b. Je ne pourrais pas venir avec vous ce soir.

c. J'ai pas envie d'aller au cinéma.

d. Alors, elle était bien la conférence ?

e. Je me suis fait voler mon portable.

f. Je regrette le choix que j'ai fait.

g. Mais pour qui elle se prend celle-là ?

h. Il y avait des kilomètres de bouchons pour entrer en ville.

1. Tu as raté quelque chose, elle était vraiment très intéressante.

2. Tu ne veux jamais y aller avec moi.

3. Il ne fallait pas prendre cette décision si vite.

4. Il aurait mieux valu que tu prennes le tram.

5. Tu as tort de juger à la première impression.

6. Tu aurais quand même pu m'appeler.

7. Tu aurais dû être plus vigilant, je t'avais pourtant prévenu : ici, les pickpockets sont très habiles.

8. Tu pourrais faire un effort, c'est l'anniversaire de Sébastien.

Activité 4

Imaginez les reproches ou les regrets que l'on pourrait émettre en fonction des actions proposées.

Passer son temps devant la télévision.
⇨ *C'est vraiment dommage de passer tellement de temps devant la télévision alors qu'il y a plein de choses intéressantes à faire.*

a. Jouer à la console tous les jours pendant trois heures.

b. Oublier l'anniversaire de son meilleur ami.

c. Regarder la télévision au lieu de réviser pour son examen.

d. Faire la fête la veille de son examen de conduite.

e. Oublier de faire les courses pour le week-end.

f. Ne pas réserver à temps l'hôtel pour les vacances.

g. Ne pas écouter les conseils de son médecin.

Activité 5

Écrivez ce que cette personne n'a jamais fait et qu'elle regrette.

devenir danseur/euse étoile – faire le tour du monde – écrire un livre – planter un arbre – avoir un enfant – rencontrer le Dalaï-lama

26 Activité 6

Écoutez et écrivez les mots manquants.

Petit lexique du bénévole et du volontaire

Bénévole : Le Conseil économique et social définit le bénévole comme celui qui s'engage ....

pour mener à bien une action ...., non soumise à l'obligation de la loi, en dehors du cadre

.... et familial. Le bénévole ne perçoit aucune rémunération, ni ....

mais il peut, dans plusieurs cas, être .... de certains frais (hébergement, déplacement...).

Volontaire : Il se distingue à la fois du bénévole et du salarié en étant défini essentiellement par

les éléments suivants : un engagement .... (par contrat), pour une durée ....,

à ...., pour une mission d'intérêt général ; la perception d'une ....,

qui n'est pas assimilable à un salaire.

Il existe différentes formes de volontariat :

– Volontariat de Solidarité Internationale (VSI) défini par la loi du 23 février 2005 :

« Le volontaire de solidarité internationale est un .... qui s'engage. Acteur et témoin,

il participe pour un temps .... au sein d'une association à une action de ....

internationale de ...., en mettant ses compétences, de façon ....,

au service d'une population qui en a exprimé le besoin ».

– Service Volontaire Européen (SVE) : missions contribuant, au travers de projets individuels ou collectifs,

aux échanges ...., à la protection de l'environnement et à la .... sociale

au sein de l'Union européenne.

– Engagement de service civique (SC) : l'objet est de .... la cohésion nationale et

la .... sociale par des actions de type très varié, à caractère éducatif, environnemental,

.............................., sportif... Le service civique est proposé aux jeunes de .... ans.

Les missions peuvent varier de 6 à 12 mois.

– Congé de solidarité internationale (CSI) : l'objectif est de permettre à un salarié de participer à une mission

.... à l'étranger pour une durée maximale de .... mois.

Activité 7

Écrivez le mot devant sa définition.

Parrainage – Mécénat – Fondation – Bénévolat – Volontariat

a. .... : Établissement privé d'utilité publique et sans but lucratif dont la vocation est

de soutenir des projets d'intérêt général dans des domaines très divers. On en recense plus de 800 en France.

b. .... : Cela consiste en une aide financière sans contrepartie publicitaire pour l'entreprise

mécène. En revanche, elle bénéficie de déductions fiscales.

c. .... : À la différence du mécénat, cette aide, aussi appelée « sponsoring », est un soutien

matériel apporté en vue d'en retirer un bénéfice direct. Il s'agit de publicité pour l'entreprise.

d. .... : Activité accomplie par une personne, gratuitement et sans y être obligée.

e. .... : Engagement formalisé dans un travail, dans l'intérêt collectif, le plus souvent

à vocation humanitaire, sociale, sportive, culturelle.

Vie solidaire

Activité 8

Répondez aux questions en utilisant des pronoms compléments (*le, la, les, l' – lui, leur, y, en***) chaque fois que c'est possible.**

a. Est-ce qu'il y a une association contre la solitude dans le quartier ?

Non, ...

b. Marc a-t-il laissé les clés du local à Micheline avant de partir en vacances ?

Oui, ...

c. L'association va-t-elle présenter les nouveaux membres aux adhérents durant l'assemblée ?

Non, ...

d. Est-ce qu'ils vous ont parlé du problème de la nouvelle antenne du quartier ?

Non, ...

e. Gilles a déjà envoyé les nouveaux statuts de l'association à la mairie ?

Non, ...

Activité 9

Réécrivez les phrases à la forme impérative en utilisant des pronoms compléments.

a. Il faut donner plus de pouvoir aux associations. Oui, ...

b. Il ne faut pas montrer aux autorités que vous baissez les bras. Non, ...

c. Faut-il vendre des parts de notre entreprise à nos concurrents ? Non, ...

d. Faut-il parler de cette suggestion à la déléguée syndicale ? Oui, ...

e. Il ne faut pas dévoiler notre plan d'action aux autorités. Non, ...

f. Il ne faut pas dire au directeur que vous démissionnez de votre poste. Non, ...

Activité 10

Remettez les phrases dans l'ordre puis imaginez ce que remplacent les pronoms compléments.

a. hésiter / a / lui / il / les / laissées / sans ....

b. redonné / en / une / il / en / lui / a / part ....

c. a / elle / parlé / beaucoup / en / m' ....

d. matin / nous / tôt / avons / l' / déposée / très / ce / y ....

e. avons / lui / sans / nous / le / détour / annoncé ....

f. de / ne / pas / cette / il / façon / lui / faut / la / annoncer ....

Activité 11

Conjuguez les verbes entre parenthèses au conditionnel passé.

a. Vous .... (devoir) avertir les autorités de cet incident.

b. Votre association .... (pouvoir) vous renseigner sur ce point.

c. Il .... (falloir) savoir que votre association pouvait vous soutenir dans cette démarche.

d. Nous .... (prendre) une autre chambre d'hôtel si nous n'étions pas arrivées si tard dans la nuit.

e. Ils .... (avoir droit à) un avocat gratuit en en faisant la demande.

f. Pierre et Lucie .... (arriver) à un meilleur accord si leur avocat les avait pris au sérieux.

Bilan

1. Lisez cet article et laissez un commentaire sur le forum. Écrivez une dizaine de phrases sur ce que vous craignez face à ce problème. Aidez-vous des propositions.

●●● *LA LUTTE CONTRE LA SOLITUDE, GRANDE CAUSE NATIONALE 2011*

En faisant de ce thème la grande cause nationale 2011, le Premier ministre a décidé de combattre un mal social qui porte atteinte aux valeurs de solidarité et de fraternité de notre pacte républicain. La solitude, c'est un facteur d'isolement, de marginalisation et de pauvreté. Contre l'oubli et l'indifférence, il faut réveiller notre capacité d'indignation !

Aujourd'hui, on estime que la solitude frappe un grand nombre de Français. Environ un tiers des Français (ce qui représente environ 20 millions de personnes) déclarent souffrir d'une expérience de vie solitaire et douloureuse. Selon un sondage TNS Sofres effectué en mars 2010, ce sont 48 % des Français qui estiment avoir souffert de la solitude dans leur vie. Plus généralement, 91 % des Français pensent qu'un grand nombre de personnes sont touchées par la solitude et 78 % d'entre eux estiment que la solitude affecte davantage de personnes qu'en 1990.

La solitude peut toucher n'importe qui : le sondage TNS Sofres révèle que la solitude n'est pas seulement le lot des seules personnes âgées et qu'il faut ajouter, à côté des personnes handicapées et des personnes sans emploi, un jeune sur trois parmi les moins de 25 ans, ainsi qu'un pourcentage très élevé de femmes actives.

– ce que je crains / ce dont j'ai peur / ce qui est inquiétant / j'ai peur que / je suis anxieux de / je m'inquiète de…
– la société devient individualiste / les gens ne se respectent plus / même les jeunes se sentent seuls / je serai dans le même cas / les gens se connectent sur Internet pour ne plus être seuls…

....

....

....

2. Lisez les commentaires que les gens ont laissés sur Internet. Réécrivez-les au style indirect en utilisant des verbes de déclaration.

a. Fée 63 : C'est un problème qui touche énormément de personnes en France et beaucoup plus qu'on ne le croit.

....

b. Robmonge : Ça, c'est le résultat de notre société capitaliste et individualiste et ce n'est pas près de changer, vous verrez.

....

c. Grignoti : Regardez autour de vous, plus personne ne se parle. Dans 10 ans, vous verrez, on s'ignorera tous. C'est la-men-ta-ble !

....

d. Mandoline : Je me suis rendu compte que ma voisine de 80 ans n'avait plus personne autour d'elle, alors maintenant, je m'en occupe.

....

3. Vous cherchez d'autres informations pour lutter contre la solitude. Le site « Contre la solitude », propose un pacte contre la solitude composé de sept engagements citoyens. Ajoutez un exemple concret pour chaque engagement.

En tant que citoyen, j'ai le moyen de rompre la solitude en m'engageant à :

a. Restaurer le lien qui existe entre les générations.

Par exemple, je rends visite à ma voisine âgée et je m'assure qu'elle va bien.

Ou bien, je ....

À Bayonne
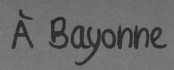

b. Apporter un peu de réconfort à ceux qui souffrent en silence.

Je ....

c. Prendre en compte les difficultés d'autrui et dire non à l'exclusion.

Je ....

d. Veiller au respect de chacun d'entre nous.

Je ....

e. Penser à la santé et à la sécurité des plus fragiles.

Je ....

f. Prendre en compte l'avenir des plus jeunes de notre société.

Je ....

g. Partager le lien fraternel qui nous unit.

Je ....

4. **Reprenez les exemples que vous avez trouvés dans l'activité précédente et transformez-les en utilisant le conditionnel passé, expliquez tout ce que vous auriez pu faire ou dû faire... Écrivez les phrases en utilisant la première personne du pluriel.**

Je rends visite à ma voisine âgée et je m'assure qu'elle va bien.
⇨ *Il aurait fallu que nous rendions visite à notre voisine âgée et que nous nous assurions qu'elle allait bien.*

a. Restaurer le lien qui existe entre les générations.

....

b. Apporter un peu de réconfort à ceux qui souffrent en silence.

....

c. Prendre en compte les difficultés d'autrui et dire non à l'exclusion.

....

d. Veiller au respect de chacun d'entre nous.

....

e. Penser à la santé et à la sécurité des plus fragiles.

....

f. Prendre en compte l'avenir des plus jeunes de notre société.

....

g. Partager le lien fraternel qui nous unit.

....

5. **Complétez ce que vous pouvez faire quotidiennement pour lutter contre la solitude et aider les autres. Puis transformez ces phrases en utilisant des pronoms compléments.**

a. Je fais les courses de mon voisin âgé. ....

b. J'aide les femmes avec des poussettes à monter les escaliers. ....

c. À la caisse du supermarché, je laisse passer la personne qui a peu d'articles. ....

d. Je propose une part de gâteau ou de mes plats à mes voisins. ....

e. Je vais à la pharmacie pour mon voisin malade. ....

f. ....

g. ....

(27) Activité 1

Écoutez le micro-trottoir et précisez, pour chaque personne, sa raison de faire du sport : pour le plaisir, par obligation ou pour les deux.

Personne 1 : ....

Personne 2 : ....

Personne 3 : ....

Personne 4 : ....

Personne 5 : ....

Personne 6 : ....

(27) Activité 2

Réécoutez le micro-trottoir et retrouvez qui dit quoi. Attention aux intrus. Plusieurs réponses sont parfois possibles.

a. Je fais du sport pour avoir une belle silhouette. Personne n°......................

b. Je fais du sport pour des raisons de santé. Personne n°......................

c. Je fais du sport pour rester performant(e) dans mon métier. Personne n°......................

d. Je fais du sport pour améliorer mes performances. Personne n°......................

e. Je fais du sport pour être moins stressé(e). Personne n°......................

f. Je fais du sport pour faire plaisir à mes enfants. Personne n°......................

g. Je fais du sport pour combattre mon asthme. Personne n°......................

h. Je fais du sport pour joindre l'utile à l'agréable. Personne n°......................

Activité 3

Lisez l'article et soulignez toutes les phrases qui expriment la cause.

Chloé : cadre dans une entreprise

Après mon congé de maternité, j'ai repris le travail en étant fatiguée car mon fils ne dormait pas toujours la nuit. Au bout de deux mois, à cause des horaires impossibles, des déplacements professionnels sans parler de la compétition constante et de mon manque de sommeil, j'étais épuisée, sans vitalité. J'ai tout essayé : les vitamines en comprimés, en gélules, en ampoules, la gelée royale. Bref, tout y est passé. Ça allait un petit peu mieux mais ce n'était pas encore la grande forme. Et puis, dans le département d'à côté, j'observais, un peu envieuse, ma collègue directrice de l'import-export, trois enfants, des horaires incroyables et une charge de travail supérieure à la mienne, toujours en pleine forme, le sourire, jamais énervée. Un jour, j'ai osé lui demander son secret. Sur quoi elle m'a répondu en trois mots : méditation et massage. J'ai bien cru qu'elle se moquait de moi mais pas du tout. Ma chère collègue fait de la méditation deux fois par semaine. Ceci accompagné d'un massage une fois par mois et voilà le résultat ! Parce que je suis devenue adepte de la méditation, aujourd'hui je suis en pleine forme, pleine d'énergie, calme et sereine !

Une astuce à méditer…

Activité 4

Barrez les mauvaises propositions.

a. J'étais très fatiguée (puisque / à cause de / faute de) mon fils ne dormait pas la nuit.

b. (Étant donné que / À cause de / Puisque) mes horaires et mon manque de sommeil, j'étais épuisée.

c. (Grâce à / Comme / Pour) j'étais épuisée, j'ai essayé toutes les vitamines possibles.

d. (Grâce à / Pour / Étant donné que) ma collègue fait de la méditation et se fait masser, elle est toujours en forme et souriante.

Allez, un peu d'exercice

e. (Faute de / Grâce à / Puisque) congés, elle est partie en week-end pour se reposer.

f. Il a été renvoyé (pour / grâce / étant donné que) absentéisme répété.

g. Le nombre de jours de congé pour maladie a baissé de moitié (grâce à / pour / comme) la nouvelle responsable.

h. (Grâce à / Vu que / Pour) elle a beaucoup souffert pendant le match, elle a décidé de s'entraîner davantage.

i. Mes problèmes de dos ont presque disparu (parce que / grâce à / faute de) je fais de la natation.

Activité 5

Lisez l'article suivant puis répondez aux questions.

L'orthorexie vient du grec *orthos* : correct ou droit et *orexie* : appétit.
C'est donc un trouble alimentaire mais, contrairement à l'anorexie ou à la boulimie qui est sont en rapport avec la quantité d'aliments ingérés, l'orthorexie est la quête de la nourriture la plus saine possible. L'orthorexique s'inquiète peu de son poids ; ce qui lui importe c'est la qualité des aliments qui lui servent de repas.
L'orthorexie est une maladie assez récente qui est née suite aux nombreux messages et campagnes alimentaires qui ont envahi notre quotidien. Ainsi, ces indications ont été prises à la lettre par ces personnes. Par exemple : manger 5 fruits et 5 légumes par jour mais sans pesticides qui sont néfastes pour le corps. L'orthorexique mange donc des produits bio. Il ne mange pas trop de sel qui provoquerait de l'hypertension, pas de graisses responsables du cholestérol. Il consomme au contraire des antioxydants ralentissant le vieillissement. Bref, ces simples messages ou conseils d'alimentation deviennent des dogmes à suivre à la lettre. C'est pourquoi ces personnes peuvent passer plusieurs heures par jour à penser et à concocter leurs repas, jusqu'à ce que ça devienne une véritable obsession. Au fur et mesure de l'avancement de leur pathologie, ces gens s'éloignent de leurs amis et de leur famille qui ne suivent pas ce même régime alimentaire. Le goût et le plaisir de manger disparaissent laissant place aux seuls mots d'ordre : « contrôle » et « qualité ». Il faut rester très vigilant car cette perte de plaisir peut donner lieu à la perte du goût de vivre.

a. Qu'est-ce que l'orthorexie ?

....

b. Pourquoi certaines personnes sont-elles devenues orthorexiques ?

....

c. Citez trois conséquences de cette pathologie.

....

....

Activité 6

Envoyez un mail à un(e) ami(e) orthorexique pour lui expliquer que son comportement est un problème pour elle et pour les autres.

....

....

....

....

....

....

(28) Activité 7

Écoutez ce témoignage issu de l'enquête « Le sport crée du lien social » puis répondez aux questions.

a. La personne a-t-elle déjà fait du sport ?

....

b. Quand a-t-elle commencé à regarder les matchs ?

....

c. Pourquoi a-t-elle commencé à regarder les matchs ?

....

d. Décrivez l'évolution des sentiments de la personne.

....

e. Qu'est-ce qui a rapproché ses collègues de travail ?

....

(28) Activité 8

Réécoutez le témoignage. Relevez toutes les phrases qui expriment la cause et les mots qui les introduisent.

....
....
....
....
....

Activité 9

Complétez les phrases à l'aide des mots proposés.

a remporté – surprise – dominant – score – affrontera – compétition – classement – médaille – point décisif – prodige – manches – marquant – saison – marche du podium – s'est imposé – temps

a. Le XV de France .... l'Irlande demain en match retour.

b. L'enfant .... du football brésilien a encore frappé fort en .... 3 buts pour son équipe.

c. Nantes .... hier soir face à Limoges avec un .... sans appel de 4-1.

d. Mederer .... son troisième grand chelem de l'année en .... l'Argentin en trois .... : 6-4 / 6-4 / 6-2. Il reprend donc la première place au .... ATP.

e. Strasbourg (groupe amateur 2) a créé la .... hier soir en battant Sochaux (ligue 1) 2 à 0. Sochaux perd donc son deuxième match de la ....

f. Jackson a marqué le .... pour la victoire des bleus face aux Suédois pourtant très en forme durant toute la ....

g. Laurie Mataunou n'a pas réussi son meilleur .... au dos crawlé, elle arrive tout de même à décrocher la dernière .... La .... d'or est remportée par l'Américaine Miss Frank.

Activité 10

Complétez les phrases avec les mots proposés exprimant la cause.

pour – à force de – faute de – grâce à – en raison des – puisque

a. .... résultats positifs, cette équipe se verra éliminée du championnat.

b. .... intempéries, la rencontre de dimanche pourrait être annulée.

c. Alfredo Comedor a été déchu de son titre .... dopage.

d. Ce jeune tennisman est arrivé en demi-finale .... son incroyable talent.

e. Il faudrait obliger tous les mineurs à exercer une activité physique .... c'est si important pour la santé.

f. .... entraînement et d'acharnement, elle est arrivée au plus haut niveau.

Activité 11

Associez pour obtenir des phrases en complétant le tableau.

Colonne A

1. L'arbitre a sanctionné le joueur par un carton rouge

2. Depuis qu'il a changé d'entraîneur,

3. Les records établis en natation ont été pulvérisés notamment

4. Son mauvais caractère est connu de tous,

5. Parce qu'il a toujours rêvé d'assister à la finale de la Coupe du monde,

6. Comme sa voiture est plus puissante que celle de ses adversaires,

7. Faute d'entente au sein de l'équipe,

8. Il est devenu trop musclé à force de

Colonne B

a. grâce aux nouveaux matériaux des combinaisons.

b. il économise depuis des années pour se payer son billet.

c. les joueurs ne gagnent aucun match.

d. car il lui a manqué de respect.

e. passer son temps à soulever des poids.

f. il arrive en finale à chaque tournoi.

g. il gagne toutes les courses.

h. c'est pourquoi il est craint par ses adversaires.

1	2	3	4	5	6	7	8

Activité 12

Complétez les phrases avec les mots proposés exprimant la conséquence. Parfois, plusieurs réponses sont possibles.

alors – c'est pourquoi – donc – tellement... qu' – voilà pourquoi

a. Les Danois ont mieux joué que nous, ... nous avons été battus.

b. Martin fait du yoga trois fois par semaine, ... il reste si calme en toute circonstance.

c. Il y a .... de scandales de dopage .... on en arrive à douter de n'importe quel sportif.

d. Mon médecin m'a dit que si je ne faisais pas de sport je risquais d'avoir du diabète, ...

maintenant je vais au club de sport deux fois par semaine.

e. Avec l'éducation physique, les enfants apprennent ce qu'est l'esprit sportif, ils savent ....

que l'important est de participer.

(29) Activité 1

Écoutez et répondez aux questions.

a. Qui a envoyé un rapport au maire ?

....

b. Depuis combien de temps le surpoids des Français a augmenté ?

....

c. Quelles sont les conséquences de ce surpoids ?

....

d. Quelles sont les propositions venant de l'étranger ?

....

....

(29) Activité 2

Réécoutez et dites si les affirmations sont vraies ou fausses. Corrigez si c'est faux.

a. Quelqu'un propose d'offrir une bourse comme récompense sportive.

....

b. Il n'y a pas de piste d'athlétisme dans la ville.

....

c. Quelqu'un voudrait mettre en place des bourses pour les familles les plus démunies.

....

d. Certaines idées proviennent de l'étranger.

....

e. La mairie pourrait proposer des vélos gratuits.

....

f. Les propositions ont uniquement les enfants comme cible.

....

g. Le maire va mettre en place toutes les suggestions.

....

Activité 3

Et vous, quelles seraient vos propositions pour inciter les gens à faire du sport ?

....

....

....

....

....

Nés quelque part

Activité 4

Lisez le texte et répondez aux questions.

Depuis quelques années, nous voyons fleurir de nouveaux sports ou plutôt des sports existants transformés. Résultat de l'ennui de certains, volonté de se diversifier pour d'autres, peu importe la raison, toujours est-il que le sport se réinvente pour trouver un nouvel élan pour la joie et le plaisir de ses amateurs.
Voici quelques exemples :
Le korfball est un sport collectif créé en 1902 aux Pays-Bas qui s'apparente au basket-ball. Seules quelques règles changent : il est interdit de se déplacer avec le ballon, il ne faut faire que des passes. Le plus important, c'est qu'il s'agit d'un sport mixte. Une équipe est composée de 4 hommes et 4 femmes. Un bel exemple de parité.

Un autre sport mixte, le kin ball, a été créé au Canada en 1986 par une professeure désirant que ses élèves puissent jouer ensemble sans distinction de sexes avec un véritable esprit d'équipe. Voilà chose faite ! Une autre particularité de ce jeu réside dans la taille de la balle qui mesure 1 m 22 de diamètre et ne pèse qu'1 kg. Ce jeu compte à ce jour 3,8 millions d'adeptes.
Dans un autre genre de sport, individuel, on peut trouver les échasses urbaines. Ce sont des échasses sur ressorts qui ont fait leur apparition au moment des Jeux olympiques de Beijing en 2008. C'est une nouvelle façon de faire du sport avec des ressorts sous les pieds et donc la possibilité de faire des bonds de 2 mètres ! Une

nouvelle façon de voir et de s'approprier la ville tout en faisant du sport ! Le seul inconvénient de ce sport réside dans le prix de son matériel qui reste assez cher, même pour les modèles de base.
Et puis, pour finir notre tour du monde des sports réinventés, nous partons en Asie où le sepak takraw fait fureur. C'est un sport à mi-chemin entre le foot et le volley-ball. Il s'agit de jouer au volley-ball mais uniquement avec les pieds. Si vous êtes de passage en Thaïlande ou encore en Indonésie, ne ratez surtout pas ce spectacle incroyable et inoubliable.
Alors, après tout ce que vous venez de lire, vous n'avez toujours pas chaussé vos baskets ? Qu'attendez-vous ? Faites-vous plaisir !

a. Quel est le sport pour lequel on ne connaît pas la date de création ? ....

b. Quels sont les sports mixtes ? ....

c. Quel est le sport dont les équipes sont composées de 4 hommes et 4 femmes ? ....

d. Quel sport est né au moment des JO de Pékin ? ....

e. Quel sport compte presque 4 millions de pratiquants ? ....

f. Vrai ou faux ?

1. Le kin ball est du football en salle. ....

2. Le korfball ressemble au basket-ball. ....

3. Le sepak takraw ressemble au foot et au ping-pong. ....

4. Le sepak takraw se pratique essentiellement en Asie du sud-est. ....

5. Les échasses urbaines sont un sport qui se pratique uniquement en Chine. ....

Activité 5

Répondez en donnant un exemple. Variez les formules lorsque vous donnez les exemples.

Est-ce que vous connaissez un sportif adoré de tous ? ⇨ *Bien sûr, je peux citer par exemple Zinedine Zidane.*

a. Est-ce que vous connaissez une ville où il y a beaucoup de pistes cyclables ?

....

b. Est-ce que vous connaissez le nom de compétitions sportives ?

....

c. Est-ce que vous connaissez d'anciens sportifs qui sont maintenant entraîneurs ?

....

d. Est-ce que vous connaissez d'anciens sportifs qui sont commentateurs pour la télévision ?

....

e. Est-ce que vous connaissez des pays dont les équipes nationales sont bonnes au hand-ball ?

....

Activité 6

Lisez le texte. Dites si les affirmations sont vraies, fausses ou si on ne sait pas. Corrigez quand elles sont fausses.

Quelles sont les fonctions de l'administration française ?
L'administration exerce différentes fonctions dont les principales sont :

> *L'application de la loi* : c'est une obligation, puisqu'une administration ne respectant pas la loi se trouve dans une situation d'illégalité.

> *La police administrative* : il s'agit du maintien de l'ordre public, c'est-à-dire d'assurer la tranquillité, la sécurité et la salubrité des administrés. Les autorités titulaires, au nom de l'État, de ce pouvoir de police administrative sont le Premier ministre pour l'ensemble du territoire, le ministre de l'Intérieur et le préfet, dans le cadre du département. Le maire est, quant à lui, titulaire d'un pouvoir de police administrative, mais seulement au nom de sa commune, sur son territoire.

> *La gestion directe de services publics* : l'administration assure elle-même un certain nombre de services, tels que la police (administration de l'État), l'aide sociale (administration départementale), la gestion des immeubles scolaires (administrations communale, départementale ou régionale), l'éducation nationale (administration étatique).

Elle effectue aussi un contrôle sur la gestion des services publics gérés par des personnes privées (exemple : le service de l'eau).

Quelles sont les spécificités de l'administration française ?
L'administration française se caractérise par une forte proportion de fonctionnaires de l'État et une fonction publique organisée selon le système des carrières.

L'État, en France, est le principal employeur d'agents publics : 2,5 millions sur 5 millions devant les collectivités territoriales (1,5 million) et le système hospitalier (moins d'1 million). Cette proportion est différente en Angleterre ou en Allemagne, où la fonction publique d'État est quantitativement minoritaire.

Par ailleurs, la fonction publique française est organisée selon le système des carrières. Dans le système des carrières, un fonctionnaire titulaire d'un concours entre dans un corps de fonctionnaires (ensemble d'agents soumis au même statut particulier, exemple : les préfets, professeurs agrégés) et y fait sa carrière.

a. La principale fonction de l'administration est de faire respecter la loi.

....

b. Le Premier ministre est le plus haut responsable de l'administration.

....

c. Un maire n'a aucune responsabilité sur la police administrative.

....

d. L'administration publique peut gérer l'Éducation nationale.

....

e. L'aide sociale est gérée par l'État.

....

f. Les deux grandes particularités de l'administration française sont l'entrée sur concours et le nombre d'emplois publics qu'elle génère.

....

g. En France, il est très peu probable qu'un fonctionnaire change de domaine d'activité.

....

h. En France, les fonctionnaires ont la possibilité de partir à la retraite à 55 ans.

....

i. En France, il est impossible qu'un fonctionnaire travaille dans le privé en gardant son statut de fonctionnaire.

....

Nés quelque part

(30) Activité 7

Complétez avec *tout*, *tous* **ou** *toutes*. **Écoutez pour vérifier.**

1. Presque .... le monde aime le sport.

2. .... les matins, je me lève plus tôt pour faire mon footing.

3. Quand Yannick était petit, il a pratiqué .... les sports possibles. Il changeait de discipline

.... les ans. Il ne savait pas quoi choisir car .... les disciplines lui plaisaient

mais aucune suffisamment pour continuer plus longtemps. En .... cas, maintenant, c'est un grand

sportif. Il fait du sport .... les jours. Il n'a aucun sport favori, il les aime ....

4. .... les semaines, il va chez son kiné pour qu'il lui décontracte ses muscles.

5. Il a .... le temps des compétitions, enfin, ... les dimanches.

le monde le sait et plus personne ne lui propose de sortir le samedi soir.

6. Il gagne .... ! Il a .... les trophées imaginables de .... les disciplines.

C'est un grand champion, ... le monde le reconnaît.

Activité 8

Lisez les phrases ci-dessous et retrouvez par quel indéfini (*n'importe qui* **/** *quand* **/** *où* **/** *comment* **/**
*quoi***) les éléments soulignés pourraient être remplacés.**

a. En cas de problème, tu peux appeler le consulat <u>de jour comme de nuit</u>. ⇨ ....

b. <u>Tout le monde</u> peut assister à la cérémonie du 14 Juillet. ⇨ ....

c. Je ne trouve pas l'information. Ce site a été fait <u>sans soin</u>. ⇨ ....

d. Comment ? Ce sont les parents qui doivent faire la demande de carte d'identité pour les personnes majeures !

<u>Ce n'est pas vrai</u>. ⇨ ....

e. Ne mets pas tes papiers <u>dans des endroits inadéquats</u> ! ⇨ ....

Activité 9

Complétez les espaces vides par des indéfinis.

certains – quelque chose – quelques (× 2) *– chaque – d'autres – tous* (× 3) *– tout* (× 2) *– rien de – personne –*
chacun

.... année, c'est la même chose. .... les habitants de cette petite ville espèrent que

cette année sera la bonne. La bonne année pour quoi, me demanderez-vous ! Eh bien pour que leur équipe

de foot passe enfin en deuxième division. .... supporters les plus enthousiastes, y croient dur

comme fer. .... un peu moins passionnés (ou plus réalistes comme disent .... habitants)

y croient, mais avec beaucoup moins de conviction. .... sont d'accord sur le fait que cet événement

serait .... d'incroyable qui apporterait un nouvel élan, un sentiment d'union et de fraternité.

En effet, ... mieux qu'un sentiment de fierté locale pour favoriser la cohésion ! ....

le monde rêve en secret de cette victoire, mais .... ne l'avouera haut et fort. ....

sait que dévoiler un secret ou un espoir c'est comme l'empêcher de devenir réalité. Alors, chut ! On ne dit rien.

Au début de la saison .... est possible, ... les fantasmes sont permis. Plus que ....

matchs et le rêve deviendra réalité... ou pas.

Bilan

 1. Lisez le texte et répondez aux questions.

Les Jeux olympiques

Les JO, deux lettres qui font rêver n'importe quel sportif. Les Jeux olympiques sont un rendez-vous incontournable tous les 2 ans, tour à tour les JO d'été et les JO d'hiver. Cet événement donne la possibilité à 205 pays d'être représentés par leurs meilleurs sportifs. En été, plus de 10 000 athlètes s'affrontent au cours de plus de 400 compétitions. Nous sommes bien loin des 14 pays représentés en 1896 lors des premiers Jeux olympiques modernes.

Mais revenons brièvement sur l'histoire des JO. Dans l'Antiquité, seuls les sports gymniques faisaient partie des épreuves (course à pied, saut, lancer…). À cette époque, ce n'étaient pas les pays qui s'affrontaient mais les différentes cités grecques. L'ère des Jeux olympiques antiques a duré presque un siècle de 776 avant J.-C. jusqu'en 393 après J.-C.

C'est Pierre de Coubertin qui insista auprès de nombreux pays pour voir renaître les JO. C'est ainsi que les premiers Jeux olympiques de l'ère moderne sont nés en Grèce en 1896. De la période antique, nous avons gardé les cérémonies d'ouverture et de clôture. On y ajouta un hymne (1896), un drapeau (crée par de Coubertin lui-même en 1920), une devise (« Plus vite, plus haut, plus fort »), enfin la flamme olympique est apparue en 1928 pour symboliser le lien entre les jeux antiques et modernes. Aujourd'hui, la véritable course de fond se fait loin des pistes d'athlétisme. En effet, de la quête de la performance, nous sommes passés à la course à l'exclusivité pour tous les médias. À côté des records sportifs, se trouvent les records d'argent investi. Tout est lié aux enjeux économiques non seulement pour les médias, mais surtout pour la ville organisatrice pour laquelle les retombées économiques se chiffrent également en milliards, sans parler de la publicité pour la ville et plus largement pour le pays. Ah, qu'il est loin le temps des compétitions interurbaines !

Serait-il possible de revenir au temps où les Jeux olympiques ne vivaient et ne vibraient que pour l'amour du sport ? Cela semble bien irréaliste. Après les JO antiques et les JO modernes, nous sommes à présent dans l'ère des JO de la globalisation et de la consommation.

a. Actuellement, combien de pays sont représentés aux JO ? Combien étaient-ils au moment des premiers jeux modernes ?

....

b. Quels étaient les sports pratiqués dans l'Antiquité ?

....

c. Qui a crée les JO modernes ?

....

d. Quels sont les éléments qui ont été conservés de l'époque antique ?

....

e. Quels sont les éléments qui ont été ajoutés ?

....

f. Quel est le point de vue de l'auteur de l'article ? Que dénonce-t-il ?

....

g. Pour l'auteur, est-il possible de revenir en arrière en mettant de côté les aspects économiques ?

....

(31) **2.** Écoutez la conversation entre ces deux amis qui viennent de lire l'article sur les JO modernes. Complétez le dialogue.

MICHAËL : Qu'est-ce que tu penses, toi, des JO ?

ALEXANDRE : Moi, j'adore, je les regarde toujours… mais dernièrement, je suis un peu déçu par le sport. Tu sais qu'il y a eu une polémique par rapport au dopage, ... magazines en ont fait leur une.

MICHAËL : Oui, je sais, j'ai suivi cette histoire. Mais il ne faut pas croire que .... les sportifs sont dopés. .... le sont, c'est vrai, on ne peut pas le nier puisque les tests antidopages le prouvent

À Mayotte

mais, il ne faut pas généraliser. Ceux qui se dopent ne représentent que ....

personnes. En fait, ... personnes ont recours au dopage.

ALEXANDRE : Tu sais, moi à .... fois que je me suis passionné pour un sportif, j'ai toujours

été déçu. Il n'y en a .... qui vaut mieux que les autres. Ils sont .... pareils.

MICHAËL : Tu dis ....

ALEXANDRE : Non, c'est vrai, je t'assure. Tu peux prendre .... sportif dans ....

discipline... Ben, ils font tous .... d'illégal, que ce soit prendre des substances dopantes ou

autre chose... ...., le fait est qu'ils trichent .... Pas parce qu'ils

ont envie de tricher, mais ...., ils sont obligés de le faire pour arriver à haut niveau.

Et en ce moment, si tu ne prends rien, tu ne vaux rien.

MICHAËL : Mais .... de ce que tu dis n'est vrai.

ALEXANDRE : Si, ... sportifs le dénoncent. .... sont ceux qui ont arrêté

la compétition pour cette raison. Ce qu'il faudrait faire, c'est tout remettre à plat et lutter pour un sport propre. D'ailleurs, ce que nous voulons faire avec Nicolas, c'est de monter une association pour promouvoir la lutte contre le dopage au niveau régional. Nous sommes en train d'écrire un nouveau règlement, une sorte de code de bonne conduite en vue des prochains Jeux olympiques.

MICHAËL : Je suis d'accord avec toi pour le sport propre mais on ne doit pas généraliser !

ALEXANDRE : Oui, c'est vrai. Tu as raison.

🎧 ✎ 3. Réécoutez et répondez.

a. Tous les magazines ont fait leur une avec une histoire de dopage ?

....

b. Alexandre et Mickaël sont-ils tous les deux pour un sport propre ?

....

c. Quelle est l'opinion de chacun sur les sportifs et le dopage ?

....

🎧 4. Retrouvez qui dit quoi (Mickaël : M / Alexandre : A).

a. Une faible minorité de sportifs se dopent. ....

b. On ne peut pas nier que des sportifs prennent des substances illicites. ....

c. Les sportifs sont tous dopés. ....

d. Je me sens trahi par les sportifs. ....

e. Tous les sportifs se valent. ....

f. Quelques sportifs ont dénoncé la situation. ....

g. Il ne faut pas généraliser. ....

💬 ✎ 5. Avant de présenter votre nouveau règlement au CIO (Comité International Olympique), vous devez faire une brève présentation en expliquant les causes qui vous ont amené à rédiger ce règlement et les conséquences positives qu'il pourra engendrer. Vous donnez au moins 5 raisons et 3 conséquences.

Puisque certains sportifs prennent des produits dopants, il faut agir.
En raison du dopage fréquent, les contrôles seront accrus.

 **Activité 1**

Écoutez et reliez les personnes et les thèmes des témoignages.

a. Personne 1

b. Personne 2

c. Personne 3

d. Personne 4

1. Les modalités d'entrée dans les grandes écoles

2. Les études

3. L'examen

4. Les services de l'université

Activité 2

Écoutez à nouveau et écrivez les mots en lien avec les thèmes proposés.

Les études	L'examen	Les services de l'université	Les modalités d'entrée dans les grandes écoles

Activité 3

Lisez le texte. Puis dites si les affirmations suivantes sont vraies (V), fausses (F) ou si on ne sait pas (X). Corrigez quand l'affirmation est fausse.

Monorientationenligne.fr est une plate-forme d'information et de dialogue personnalisée pour toutes les questions touchant à l'orientation. Objectif : répondre aux questions des jeunes mais aussi à celles des enseignants soucieux d'aider les élèves dans leur démarche de construction de leur projet d'orientation.

Grâce à la plate-forme, les élèves accèdent rapidement à une première information relative à l'orientation, identifient les ressources existantes et peuvent tirer parti des informations données pour structurer leur démarche d'orientation : choisir une série de bac en fin de seconde ; préparer un entretien d'orientation avec un conseiller d'orientation-psychologue (COP) ; réfléchir à la nécessité d'une réorientation, connaître les différents itinéraires après chaque diplôme.

Pour les équipes éducatives, elle constitue également un outil méthodologique pour aider les jeunes à rechercher avec le plus de pertinence possible les informations utiles qui leur permettront de faire des choix éclairés. Identifier des documents, prélever, hiérarchiser et confronter des informations, utiliser de manière critique les moteurs de recherche et les ressources en ligne sont autant de compétences qui font partie de la capacité à s'orienter.

D'après http://www.onisep.fr

a. Monorientationenligne.fr est un site Internet sur lequel on trouve des informations généralistes.

....

b. Cette plate-forme est uniquement réservée aux jeunes de moins de 18 ans.

....

c. La plate-forme est une source d'informations pour les professeurs.

....

d. La plate-forme est autant consultée par les professeurs que par les élèves.

....

e. Sur cette plateforme, on oriente les élèves avant leur bac.

....

Après le bac, la fac ?

f. Chaque recherche se conclut par un entretien avec un COP (conseiller d'orientation-psychologue).

....

g. Chercher des informations sur cette plate-forme fait partie du processus d'orientation pensé par les experts.

....

Activité 4

Lisez l'extrait de la foire aux questions (FAQ) de la plateforme monorientationenligne.fr. Puis dites si les affirmations suivantes sont vraies (V), fausses (F) ou si on ne sait pas (X). Corrigez quand l'affirmation est fausse.

> Je suis en terminale et j'aimerais poursuivre mes études à l'étranger et particulièrement aux États-Unis. Comment m'y prendre ?
>
> Pour s'inscrire dans une université aux États-Unis, un excellent dossier ainsi qu'une très bonne connaissance de la langue sont exigés, la sélection étant souvent complétée par un examen d'entrée. Les futurs étudiants (États-uniens et étrangers) passent un test standardisé qui permet d'établir un classement. Les universités se réfèrent à ce classement pour admettre ou non ces étudiants et choisissent les critères d'admission.
>
> Je suis en terminale et je souhaiterais suivre la formation de sage-femme en Belgique. Comment s'inscrire ?
>
> La formation de sage-femme en Belgique dure 4 ans et permet d'obtenir le diplôme d'« accoucheuse ». Pour entrer dans cette formation, il faut établir un dossier de demande d'équivalence car le baccalauréat français n'est pas automatiquement équivalent au diplôme de l'enseignement secondaire belge.
>
> Doit-on choisir une option spécifique au bac S (bac scientifique) en fonction de la prépa scientifique qu'on veut intégrer ?
>
> Tous les bacs S peuvent convenir, cependant l'option « Sciences de l'ingénieur » n'est pas la plus adaptée à la poursuite d'études en classe prépa BCPST (Biologie, Chimie, Physique, Sciences de la Terre), par exemple. En effet, en S option Sciences de l'ingénieur, l'enseignement des sciences de la vie et de la Terre ne fait pas partie des disciplines obligatoires.

a. Pour aller étudier aux États-Unis, il vaut mieux être un excellent élève.

....

b. Le test d'entrée des universités américaines est national, il suffit d'avoir la moyenne pour entrer dans n'importe quelle faculté.

....

c. Maintenant, avec l'Europe, n'importe quel diplôme est équivalent à son homologue européen.

....

d. Il n'y a pas d'option « Biologie » au bac S pour entrer dans une prépa BCPST.

....

Activité 5

Préparez une présentation de votre cursus d'études et faites-la à l'oral.

Activité 6

Choisissez un métier et faites-le découvrir aux autres en utilisant l'expression de la manière.

....

....

....

(33) Activité 7

Écoutez et répondez aux questions.

a. Jusqu'à quel âge l'école est-elle obligatoire en France ?

....

b. À quel âge est-il possible de commencer l'école ? Quel est le nom du cycle ?

....

c. Comment s'appellent les différents cycles successifs et à quels âges correspondent-ils ?

....

d. Qu'est-il possible de faire au collège ?

....

e. Quelle est la spécificité de la classe de 2nde ?

....

f. Quels sont les cinq types de baccalauréat ?

....

g. Relevez trois domaines de spécialité des grandes écoles.

....

h. Qu'est-ce que le système LMD ?

....

i. Comment est qualifié le système éducatif français ?

....

....

....

....

Activité 8

Choisissez l'option correcte concernant l'accord des participes passés en cochant une case. Expliquez votre réponse oralement.

a. Tous les étudiants en sociologie ont déjà fait… (1) un mémoire en licence. Ils sont habitué… (2) à ce genre de travaux. En master II, ils en ont fait… (3) au moins trois.

1. ☐ pas d'accord   ☐ s   **2.** ☐ pas d'accord   ☐ s   **3.** ☐ pas d'accord   ☐ s

b. Les professeurs des filières universitaires de sciences humaines ont dû… (1) se battre pour que leurs postes ne soient pas supprimés. Des grèves, bien sûr ils en ont fait… (2), ils les ont multiplié… (3). Ils en sont devenu… (4) très fiers.

1. ☐ pas d'accord   ☐ s   ☐ es   **2.** ☐ pas d'accord   ☐ s   ☐ es

3. ☐ pas d'accord   ☐ s   ☐ es   **4.** ☐ pas d'accord   ☐ s   ☐ es

c. Les étudiants de dernière année sont obligés de faire un stage dans le cadre de leurs études. L'université leur a proposé… (1) quelques postes administratifs. Ainsi, certains étudiants ont eu… (2) la chance de découvrir leur fac de l'intérieur. De cette expérience, ils en sont sorti… (3) grandis et ils l'ont recommandé… (4) à tous leurs camarades.

1. ☐ pas d'accord   ☐ s   ☐ e   **2.** ☐ pas d'accord   ☐ s   ☐ e

3. ☐ pas d'accord   ☐ s   ☐ e   **4.** ☐ pas d'accord   ☐ s   ☐ e

Après le bac, la fac ? 1 Rendez-vous

Activité 9

Faites l'accord des participes passé si nécessaire. Expliquez vos réponses oralement.

a. Quand elle est arrivé… à son examen, elle était paniqué… . Elle croyait qu'elle était en retard. Elle a enfoncé… la porte de la salle et s'est précipité… à l'intérieur. Par malchance, la lanière de son sac s'est coincé… dans la poignée de la porte. Son sac s'est déchiré… et toutes ses affaires sont tombé… par terre. Elle les a ramassé… rapidement pour ne pas se faire remarquer mais, trop tard, tous les étudiants présents se sont moqué… d'elle.

b. Les étudiantes de 3ᵉ année de psychologie se sont plaint… au doyen de l'organisation des derniers partiels de février. En effet, d'une part, elles les ont passé… dans un amphithéâtre préfabriqué sans chauffage avec des températures extérieures atteignant les – 10 °C. Elles ont donc souffert… du froid intense pendant 4 heures. D'autre part, il y avait des travaux juste à côté pendant toute la durée de l'épreuve. Elles n'ont pas pu… se concentrer. De ces conditions extrêmes, elles en ont eu… marre et sont sorti… de l'épreuve sans finir leur examen. Elles ont donc demandé… à pouvoir repasser ce partiel. Les syndicats étudiants leur ont fait… comprendre qu'elles avaient eu… raison. Ils les ont soutenu… jusqu'au bout. Grâce à cette ténacité ; elles ont obtenu… gain de cause et pourront repasser cette épreuve en mai.

Activité 10

Soulignez les mots qui sont des adverbes. Associez les mots non soulignés aux synonymes.

difficilement –gentiment – étonnement – principalement – admirablement – également – économiquement – pratiquement – passablement – enseignement – enregistrement – actuellement – agacement – profondément – accomplissement – joliment – retournement – coquettement

a. Synonyme de surprise : ....

b. Synonyme de sauvegarde : ....

c. Synonyme de réalisation : ....

d. Synonyme de formation : ....

e. Synonyme d'énervement : ....

f. Synonyme de renversement : ....

Activité 11

Transformez les adjectifs en adverbes. Puis trouvez leurs points communs.

Quel est le point commun entre « joli » et « absolu » ?
⇨ joliment / absolument : Ils n'utilisent pas leur féminin pour former l'adverbe.

a. Quel est le point commun entre « profond » et « précis » ? ....

b. Quel est le point commun entre « franc » et « agressif » ? ....

c. Quel est le point commun entre « évident » et « patient » ? ....

Activité 12

Transformez les adjectifs en adverbes.

a. agile : ....

b. fragile : ....

c. sympathique : ....

d. idéal : ....

e. pressé : ....

f. réel : ....

g. bref : ....

h. gai : ....

i. gentil : ....

j. évident : ....

k. soudain : ....

l. étonnant : ....

m. uniforme : ....

n. différent : ....

o. sérieux : ....

p. poli : ....

q. constant : ....

r. nouveau : ....

Activité 1

Des étudiants enregistrent ce qu'ils pensent qu'ils auront fait dans 5 ans. Écoutez-les.
Qui dit quoi ? Notez le prénom d'une ou plusieurs personnes pour chaque phrase : Personne 1 :
Mathieu – Personne 2 : Vanessa – Personne 3 : Julie – Personne 4 : Vincent – Personne 5 : Linda.

a. La personne pense qu'elle risque de ne pas avoir fini ses études dans 5 ans : ....

b. La personne espère qu'elle aura trouvé un emploi dans son entreprise préférée : ....

c. La personne veut parler italien couramment : ....

d. La personne ne compte pas avoir d'enfants pour le moment : ....

e. La personne est sûre de travailler dans 5 ans : ....

f. La personne veut devenir professeur : ....

g. La personne n'étudie pas à la faculté : ....

h. La personne ne parle pas des voyages qu'elle aura fait : ....

i. La personne pense qu'elle gagnera beaucoup d'argent : ....

 Activité 2

Écoutez à nouveau. Complétez les phrases entendues dans l'enregistrement. Attention aux accords des participes passés.

a. Mathieu	**1.** J'espère que .... mon Master II.
	2. Et que .... mon concours
	3. .... deux ans en Italie.
	4. .... les plus beaux coins d'Italie.
b. Vanessa	**1.** J'espère que j'................................ le temps de vivre.
	2. Je pense que je .... de famille.
	3. Je .... par mes études.
c. Julie	**1.** Je .... dans la vie active.
	2. J'................................ à travailler,
	3. dès que j'................................ un emploi stable.
d. Vincent	**1.** J'................................ le concours d'accès à HEC,
	2. j'................................ mon premier appartement.
	3. J'................................ ma petite entreprise qui très probablement sera déjà cotée en bourse !
	4. J'................................ le tour du monde....
e. Linda	**1.** J'espère juste que j'................................ mon diplôme.
	2. Je .... dans l'entreprise de mes rêves.
	3. J'................................ un poste à responsabilités.
	4. J'................................ la possibilité de bouger en Europe grâce à des mutations.
	5. J'................................ mon permis de conduire.

Cité U, système D

Activité 3

Lisez l'article. Reliez les éléments de chaque colonne pour retrouver les idées du texte.

Comment réussir sa première année de fac ? Conseils à un jeune étudiant.

Ce qu'il faut savoir, c'est que la faculté n'est pas faite pour tout le monde. En effet, l'université est symbole de liberté mais, pour certains, cette liberté est excessive et ils ne savent pas la gérer correctement. La faculté est un univers impersonnel où personne ne vous demande de rendre des comptes sauf pour vos TD (travaux dirigés).

En général, les cours se passent dans des amphithéâtres bondés où vous pourrez prendre des notes, écouter de la musique, discuter avec votre voisin ou dormir sans que personne ne vous dise quoi que ce soit. Concernant vos professeurs, ils ne vous connaissent pas : ni votre nom ni votre visage, à moins d'être systématiquement au premier rang et de leur poser des questions... et encore.

Pour ne pas échouer, ce que vous devez savoir faire, c'est être responsable car à la fac tout est permis, même ne pas aller en cours pendant tout un semestre et venir aux examens. Bien sûr, c'est vous qui le regretterez...

Alors, pour bien réussir votre première année, ce que vous devez surtout faire, c'est travailler en autonomie. Ce qui est important, c'est que vous fournissiez un travail régulier tout au long de l'année. C'est pourquoi vous devez bien vous organiser. Une bonne organisation permet une meilleure réussite. Par contre, ce que vous devez éviter, c'est de tomber dans le travail à outrance. C'est qui est primordial, c'est de réserver du temps libre pour vos loisirs. N'oubliez pas de faire du sport, d'aller au cinéma ou de voir des expositions.

1. Avant de s'inscrire à la fac, il faut tenir compte de

2. À savoir : la faculté ne convient pas

3. Il faut être conscient que les professeurs

4. À ne pas faire :

5. Il faut apprendre :

6. À fournir :

7. Ne pas oublier :

a. ne peuvent pas s'occuper personnellement de tous les étudiants.

b. son système d'organisation personnel.

c. rater / sécher tous les cours.

d. un travail régulier.

e. à tout le monde.

f. avoir une vie sociale.

g. à travailler seul.

Activité 4

Répondez aux questions avec les réponses de l'activité précédente et en mettant les idées en relief.

Que faut-il savoir faire ? ⇨ Ce qu'il faut savoir faire, c'est travailler de façon organisé.

a. De quoi faut-il tenir compte avant de s'inscrire à la fac ? ....

b. Que faut-il savoir ? ....

c. De quoi faut-il être conscient ? ....

d. Qu'est-ce qu'il ne faut pas faire ? ....

e. Que faut-il apprendre ? ....

f. Que faut-il fournir ? ....

g. Qu'est-ce qu'il ne faut pas oublier ? ....

Activité 5

Classez les conseils dans le tableau en notant leur numéro. Puis, à l'oral, reformulez-les en mettant les idées en relief.

a. Être clair, mettre son idée centrale en avant. – **b.** Écrire de façon lisible et aérée. – **c.** Se fixer des objectifs réalisables à courts termes. – **d.** Éviter les tentations (portable, TV, frigo, etc.). – **e.** Préparer des fiches de cours avec des plans et des schémas. – **f.** Ne pas se décourager à la 1re mauvaise note. – **g.** Relire ses cours régulièrement. – **h.** Faire un plan. – **i.** Organiser son programme d'études. – **j.** S'approprier ce que l'on apprend.

Prendre des notes	Se motiver	Se mettre au travail	Mémoriser	Améliorer son expression écrite

(35) Activité 6

Écoutez le texte sur les démarches administratives de la rentrée d'une étudiante puis reliez les éléments des deux colonnes pour reconstituer les étapes des démarches.

a. Prendre   1. au RU

b. Remplir   2. les frais d'inscription

c. Découvrir   3. sa carte d'étudiante

d. Payer   4. ses UV

e. Choisir   5. son inscription à la BU

f. Manger   6. sa nouvelle chambre

g. Renouveler   7. à son UFR

h. Aller   8. sa carte de RU

(35) Activité 7

Écoutez à nouveau et mettez dans l'ordre chronologique les démarches de l'activité 6.

....

....

....

....

....

....

....

(35) Activité 8

Écoutez à nouveau et relevez toutes les abréviations qu'utilise la jeune fille. Écrivez les abréviations et leur signification.

....

....

....

....

Activité 9

Les phrases suivantes contiennent des mises en relief. Complétez-les avec les éléments proposés.

*si… c'est parce que – c'est… qui – si… c'est à cause de – ce dont… c'est – ce qu'il… c'est (× 3) –
c'est de… dont*

a. Il rêve toutes les nuits de ses examens. .... lui faut, ... faire une vraie pause,
partir en vacances au mois 15 jours.

b. .... faudrait aux universités françaises, ... un budget plus
conséquent pour investir dans les installations et le matériel.

Cité U, système D

c. .... vous n'arrivez pas à vous concentrer, ... votre job étudiant vous prend toute votre énergie.

d. .... nous n'avons plus beaucoup de scientifiques en France, ... « la fuite des cerveaux ». Pour pouvoir rivaliser avec les universités et le marché états-unien, ... faudrait faire, ... doubler les salaires !

e. .... nous sommes assez fiers en France, ... de nos grandes écoles. Mais .... leur aspect trop élitiste .... dérangeait certains. Maintenant, c'est en train de devenir plus accessible à tous. .... ça .... nous sommes vraiment fiers !

Activité 10

Relier les éléments de chaque colonne pour constituer des phrases.

a. Nous pourrons aller au cinéma quand

b. Quand nous aurons révisé toutes ces informations,

c. Tel que je connais Stéphane,

d. Marie est tellement bavarde qu'au bout de deux heures,

e. Impatiente comme elle est de connaître ses résultats,

1. il se sera fait plein d'amis dès le jour de la rentrée.

2. je n'aurai toujours pas pu lui annoncer mon échec au partiel.

3. elle sera partie sans nous attendre.

4. j'aurai fini de rédiger ma dissertation.

5. nous serons prêts pour l'examen.

Activité 11

Complétez les phrases en conjuguant les verbes (futur antérieur, futur simple, conditionnel ou subjonctif). Dans chaque phrase, il y a au moins un verbe au futur antérieur.

a. Avec mon frère, nous avons 10 ans d'écart. J' .... (passer) mon bac alors qu'il .... (être) encore à l'école primaire.

b. Nous .... (finir) de transcrire les enregistrements pour notre thèse quand notre amie secrétaire .... (revenir) de vacances, elle .... (pouvoir) nous les taper si facilement. Tant pis !

c. Sa thèse .... (terminer) quand le colloque traitant de son sujet .... (avoir) lieu. C'est vraiment dommage, il .... (pouvoir) y trouver des informations intéressantes et interviewer le conférencier.

d. Mes amis .... (assister) à toutes les conférences sur la thérapie génique avant qu'ils .... (avoir) leurs partiels de mai. Quelle chance !

e. Les étudiants étrangers ayant participé au programme Erasmus .... (bénéficier) d'autres méthodes d'enseignement alors que ceux qui .... (rester) en France n' .... (connaître) qu'une seule méthodologie.

f. Nous .... (partir) en vacances quand notre professeur .... (corriger) nos examens.

Bilan

🎧 (36) 1. Écoutez et soulignez les bonnes réponses.

a. L'émission est diffusée : tous les jours / une fois par semaine / une fois tous les 15 jours.

b. Les années de fac de Yasmine ont été : satisfaisantes / difficiles / joyeuses / studieuses / horribles / stressantes / agréables / ennuyeuses.

c. Dans la famille de Yasmine, ont est avocat depuis 1 / 2 / 3 générations.

🎧 (36) 2. Écoutez à nouveau et dites si les affirmations sont vraies ou fausses et justifiez.

a. Avant de s'inscrire en fac de droit, Yasmine savait déjà que cette filière n'était pas pour elle.

....

b. Yasmine a réussi ses deux premières années de fac.

....

c. Son changement de cursus a été bénéfique pour elle.

....

🎧 (36) 3. Écoutez à nouveau et écrivez tous les adverbes finissant en *-ment* **qui correspondent aux mots soulignés.**

a. Le système est rigoureux <u>à l'extrême</u> : ....

b. C'est tout <u>simple</u> : ....

c. <u>Dans mon for intérieur</u>, je croyais que j'aimais ça : ....

d. <u>À l'évidence</u>, ma voie était tracée : ....

e. Pour être plus <u>précise</u> : ....

g. Pour être <u>franche</u>, cela a été un enfer : ....

h. La deuxième année a été horrible <u>de manière exceptionnelle</u> : ....

i. J'ai arrêté la fac <u>en secret</u> : ....

j. J'ai été soulagée <u>en profondeur</u> : ....

✏️ 4. Complétez les phrases de Yasmine qui raconte ce que ses années de droit lui auront apporté.

a. Grâce à ces années de fac, ... (apprendre) des méthodes de travail très strictes.

b. Je .... (se rendre compte) que je n'étais pas faite pour le droit.

c. Je .... (se démontrer) que j'étais capable de fournir un immense effort.

d. Je .... (aller) jusqu'au bout de mes convictions.

e. J'... (perfectionner) ma culture générale.

f. J'... (découvrir) un monde que je n'apprécie pas forcément et que je ne côtoierai plus.

g. J'... (apprendre) des lois qui pourront peut-être me servir un jour.

En Thaïlande

✎ **5.** À vous ! Qu'est-ce que Yasmine pourrait dire d'autre sur ses années de droit ? Écrivez trois phrases en suivant le modèle de l'activité précédente.

....

....

....

✎ **6.** Yasmine raconte ce qui lui plaît dans sa nouvelle filière. Complétez les phrases avec les éléments proposés.

c'est... qu' – ce qu'... c'était d' – ce qui... c'est – ce que... c'est (× 2) – ce dont... c'est de – si... c'est à cause de – c'est... qui – si... c'est parce que

a. .... j'ai changé de filière, ... de l'ambiance de compétition.

b. .... je suis heureuse et épanouie aujourd'hui, ... j'ai eu le courage de changer de cursus.

c. .... me plaît, ... l'ambiance détendue et la bonne humeur des étudiants des Beaux-Arts.

d. .... je préfère, ... ce côté créatif et bohème.

e. .... un changement radical .... il me fallait, c'est certain.

f. .... il me fallait, ... être entourée de gens qui me ressemblaient.

g. .... je rêve à présent, ... devenir une artiste reconnue.

h. .... je vais faire quand j'aurai fini mes études, ... écrire un livre sur mon histoire.

i. .... ce genre d'ouvrage .... peut aider les gens à prendre des décisions importantes pour leur avenir.

✎ **7.** À vous ! Écrivez trois phrases sur ce qui plaît à Yasmine dans sa nouvelle filière en suivant le modèle de l'activité précédente.

....

....

....

....

....

(37) Activité 1

Vous allez entendre un extrait de la thèse d'Émile Morlot (1884) intitulé « Les femmes ne peuvent pas prendre une part intelligente à la conduite des affaires publiques ». Il y présente son avis sur le droit de vote des femmes, qui a finalement été autorisé en 1945. Parmi les affirmations, cochez l'affirmation qu'Émile Morlot n'évoque pas dans son texte.

☐ **a.** Avant d'avoir le droit de voter, la femme était uniquement considérée comme une épouse et une mère.

☐ **b.** Avant qu'elles aient le droit de vote, les femmes n'étaient pas appréciées pour leur intelligence.

☐ **c.** Avant la loi autorisant les femmes à voter, elles n'avaient pas le droit de travailler.

☐ **d.** Avant d'obtenir le droit de vote, les femmes étaient considérées comme peu intelligentes.

☐ **e.** Avant, seuls les hommes avaient le droit de faire de la politique.

Activité 2

Qu'ont pu faire les femmes après avoir obtenu le droit de voter ? Écrivez des phrases avec les éléments proposés comme dans l'exemple.

• la loi les autorisant à voter / avoir obtenu les mêmes droits que les hommes / ~~avoir eu le droit de voter~~ / des années de lutte / s'être battues pour obtenir le droit de voter /
• les femmes ont enfin pu être les égales des hommes / ~~les femmes ont pu s'engager dans la vie politique~~ / les femmes ont obtenu un statut égalitaire en matière de droit / les femmes n'étaient plus considérées comme inférieures et immatures.

Après avoir eu le droit de voter, les femmes ont pu s'engager dans la vie politique.

a. Après ....

b. Après ....

c. Après ....

d. *(réponse libre)* Maintenant ....

Activité 3

Que faut-il faire avant d'être élu président ? Réfléchissez et écrivez quelles sont, selon vous, les différentes étapes qu'il faut franchir avant de devenir président.

....

....

Activité 4

Lisez et complétez ce texte qui décrit les différentes étapes de la campagne présidentielle d'un candidat. Utilisez les expressions données.

pendant – pendant laquelle – pendant que – à ce moment-là – avant d' – avant – après – après – après quoi – après que – durant – ensuite – lorsque

D'abord, ... être le candidat de son parti, il faut gagner les primaires, c'est-à-dire être désigné

comme LE candidat représentant du parti. .... les primaires sont gagnées, le candidat peut

commencer à récolter les 500 signatures de parrainage. .... l'équipe recherche des signatures,

le candidat commence sa campagne électorale. Cependant, c'est véritablement .... la validation

des parrainages que commence la campagne. .... la campagne, le candidat se déplace dans

Des mots, démocratie ! 1 Rendez-vous

toute la France pour faire des meetings et exposer son programme. .... cette campagne, les candidats des différents partis s'affrontent sur des points de leurs propositions à travers les médias. .... quelques semaines, la campagne se termine. ...., commence la journée de réflexion .... il est interdit aux partis de faire de la propagande. ...., c'est le jour du vote pour le premier tour. .... le deuxième tour définitif, il y a encore quelques semaines où chaque finaliste essaie de convaincre les citoyens de voter pour lui. ...., « les dés sont jetés », la décision appartient au peuple. .... les Français ont voté au second tour, le candidat vainqueur sera nommé président de la République.

Activité 5

Complétez le texte avec les mots proposés.

après cela – à présent – lorsque – avant – maintenant – après – après que

.... l'élection du président de la République au suffrage universel direct a été instaurée, la nécessité de prévenir les candidatures fantaisistes par un « filtrage » adéquat s'est naturellement imposée. ...., pour être admis à se présenter au premier tour, un candidat devait être présenté par au moins 100 citoyens titulaires d'un mandat électif de la nature de ceux retenus pour les élections sénatoriales (« grands électeurs »). Cependant, ... l'expérience des trois premières élections présidentielles au suffrage universel direct (1965, 1969 et 1974), des problèmes d'organisation posés par la multiplication des candidatures sont apparus. ...., le Conseil constitutionnel a proposé un filtrage plus strict. .... les politiciens ont longuement réfléchi, la réforme souhaitée a été mise en place en 1976. ...., pour être candidat, il faut désormais avoir obtenu 500 signatures émanant d'au moins 30 « départements ou territoires d'outre-mer », sans que plus du dixième de ces 500 signatures (soit 50) proviennent d'un même département ou territoire. ...., plus de 40 000 élus sont aujourd'hui habilités à présenter un candidat à l'élection présidentielle.

Activité 6

Lisez le texte et évitez les répétitions en remplaçant les mots soulignés par *celle, celles, celles-ci, ceux, ceux-ci...*

L'agencement des bureaux de vote

Chaque commune est divisée en bureaux de vote. Les bureaux de vote .... ne réunissent pas plus de 800 à 1 000 inscrits afin de faciliter le bon déroulement des opérations électorales.

L'agencement des bureaux de vote est le suivant :

– La table de décharge. C'est la table .... où les électeurs prennent l'enveloppe et les bulletins de vote qui sont mis à leur disposition. Cette table .... est généralement placée à l'entrée du bureau de vote.

– La table de vote où siègent les membres du bureau de vote. Sur la table .... sont disposés (entre autres) : une urne dont 4 faces au moins sont transparentes et munies de deux serrures différentes ; la liste d'émargement ; le code électoral ; la liste des candidats ; une liste comprenant les noms du président du bureau de vote et de son suppléant, ainsi que les noms .... des assesseurs désignés par les candidats ou les têtes de liste.

– Les isoloirs. Les isoloirs .... doivent être en nombre suffisant, c'est-à-dire d'au moins un pour 300 électeurs inscrits.

– Les tables de dépouillement. Ce sont les tables .... qui seront utilisées à la clôture du scrutin. Leur nombre ne doit pas être supérieur à celui des isoloirs. Ces tables .... sont disposées de telle sorte que les électeurs puissent circuler autour.

(38) Activité 7

Écoutez et remettez l'événement dans l'ordre dans lequel il s'est déroulé en numérotant les phrases.

Les 35 heures :

.... **a.** D'autres pays appliquent cette mesure.

.... **b.** Les Français ne voudraient pas revenir à l'ancien modèle.

.... **c.** Le projet de loi sur les 35 heures n'a pas fait l'unanimité.

.... **d.** Cette loi est votée afin de favoriser la création d'emplois.

.... **e.** Augmentation du temps libre des Français.

.... **f.** La durée du temps de travail était de 39 heures.

(38) Activité 8

Réécoutez et complétez les phrases.

Les 35 heures : .... cette loi ...., la durée du temps de travail était de 39 heures (...).

.... ce projet de loi .... présenté, il n'a pas fait l'unanimité au sein des députés.

.... cette loi ne .... promulguée, aucun pays de l'Union européenne n'avait osé mettre

en place ce type de réforme. .... d'autres pays comme l'Allemagne .... aussi dans

certains secteurs des réductions de temps de travail. .... la mise en place de cette loi, le temps

de loisirs des Français a augmenté. .... être aux 35 heures, les Français ne .... pas

autant de sport (...) .... les Français aient goûté* à la réduction du temps de travail,

ils ne pourraient plus s'en passer. ...., il .... difficile pour les Français

de revenir aux 39 heures.

* « Après que » doit être suivi de l'indicatif mais, dans l'usage, les Français utilisent souvent le subjonctif.

Activité 9

Retrouvez les 10 mots appartenant au champ lexical de la politique. Les mots sont de gauche à droite (→), de haut en bas (↓) et en diagonale (↘↗).

vote – scrutin – électeur – candidat – assemblée – sénat – mandat – démocratie – république – suffrage

H	X	C	U	O	P	C	T	J	J	E	H	A	E	T
T	E	L	F	J	Y	Ç	A	C	X	P	S	R	M	S
O	V	B	C	X	U	C	S	N	G	P	I	S	G	Ç
X	E	Y	P	E	C	A	D	O	D	L	B	B	Z	Z
K	C	R	J	D	A	N	E	L	E	I	O	V	O	R
K	N	X	J	F	S	X	M	L	Q	V	D	E	Z	N
F	G	M	Ç	W	S	V	O	T	H	T	Q	A	I	J
I	L	E	R	I	E	J	C	J	T	Q	S	T	T	S
X	M	L	N	F	M	D	R	N	N	W	U	C	F	E
T	A	E	V	O	B	D	A	Ç	R	F	H	F	N
V	N	C	O	Q	L	Z	T	O	C	V	F	M	T	A
E	D	T	T	C	E	T	I	S	D	R	R	G	Y	T
D	A	E	E	T	E	Y	E	W	Ç	C	A	N	Y	E
E	T	U	F	R	I	D	V	Ç	H	V	G	T	G	A
Z	K	R	E	P	U	B	L	I	Q	U	E	R	W	U

Activité 10

Reliez les éléments des deux colonnes pour former des phrases.

a. Tous les citoyens sont invités à voter.

b. Le bureau de vote sera ouvert de 8 h à 20 h.

c. Notre parti va créer une page sur Internet pour répondre aux questions des citoyens.

d. Il y a des thèmes sur lesquels les Français attendent de vraies propositions.

e. Le Salon de l'agriculture est un passage obligé pour les candidats,

f. Les dernières élections présidentielles étaient riches en suspense ;

1. Il y a ceux de la santé, de l'éducation, de l'énergie et bien sûr de l'emploi.

2. ceux qui n'y vont pas risquent de perdre jusqu'à 10 % de votes.

3. Celui-ci restera donc ouvert pendant 12 heures.

4. celles-ci seront aussi pleines de rebondissement.

5. C'est pourquoi ceux qui ne seront pas présents sur le territoire français le jour de l'élection pourront le faire par procuration.

6. Celle-ci sera alimentée par les militants. Tous ceux qui ont des doutes ou des suggestions sont les bienvenus sur notre page.

Activité 11

Complétez les dialogues avec *cela*, *celle qui* **(× 2)**, *celle que* **(× 2)**, *celle où* **(× 2)**, *celle-ci qu'*, *ceux qui*, *ceux où*, *ceux de*.

a. – C'est une réforme constitutionnelle qui fait débat actuellement.

– C'est pour .... on devrait faire un référendum ?

b. – La jeune candidate du parti de gauche fait l'unanimité dans son parti.

– C'est .... porte toujours un jean ?

– Oui, C'est .... l'on surnomme « le cyclone » pour son tempérament et ses idées novatrices.

c. – Les nouveaux locaux sont plus petits que .... la dernière présidentielle.

– C'est .... se trouvent dans le quartier le populaire ?

– Oui, c'est .... nous retrouverons Catherine après avoir collé les affiches.

d. – Comment tu trouves l'affiche de campagne de Pougliane ?

– .... il est en train de sourire bêtement dans le vide ou .... le montre en train de se promener au marché ?

– .... il est au marché.

– C'est .... je retrouve la plus mensongère. Tu ne vas pas me faire croire qu'il fait ses courses au marché avec son panier en osier…

e. – Moi, je milite dans ce parti pour réduire les inégalités sociales.

– C'est aussi pour .... que je me suis engagé dans ce parti.

🎧 (39) Activité 1

Nous avons interviewé des indignés, écoutez l'objet de leur révolte puis retrouvez la raison de l'indignation de chaque personne en reliant les éléments.

Personne n° 1   **a.** les profiteurs du système

Personne n° 2   **b.** la mauvaise gestion budgétaire

Personne n° 3   **c.** le chômage

Personne n° 4   **d.** l'augmentation des prix

Personne n° 5   **e.** les prix de l'immobilier

🎧 (39) Activité 2

Réécoutez et relevez les mots et expressions utilisés pour exprimer la colère et l'indignation.

....

....

Activité 3

Indiquez les sentiments que ressentent les personnes interrogées lors de la victoire d'un parti aux dernières élections communales.

a. Jean-Claude : C'est affligeant de penser que ce parti va faire baisser le chômage dans le village avec des propositions pareilles ! ⇨ ....

b. Monique : J'avoue être étonnée par les résultats. ⇨ ....

c. René : Pour moi, c'est la meilleure chose qui soit arrivée à notre village depuis des années. Je pense que c'est vraiment positif, on attend tous beaucoup de lui. ⇨ ....

d. Thérèse : Vous savez, c'est mon neveu, alors je suis fière qu'il ait pu faire entendre ses convictions. Il mérite d'avoir gagné, il va profondément changer la situation. ⇨ ....

e. Manon : C'est dommage que tous ceux qui sont contre ce parti ne soient pas allés voter. Maintenant, c'est trop tard. ⇨ ....

f. Sylvie : Pour tout vous dire, quand j'ai lu les résultats, j'ai cru qu'il s'agissait d'une erreur ou d'une mauvaise blague. Je n'y croyais pas ! ⇨ ....

Activité 4

Relisez les réactions (activité 3) et dites si les affirmations sont vraies ou fausses. Citez le texte pour justifier vos réponses.

a. L'emploi faisait partie du programme du candidat.

....

b. C'est un village qui vote traditionnellement pour le même parti.

....

c. Une personne critique le manque de participation.

....

d. Les résultats ne sont une surprise pour personne.

....

Activité 5

Classez les expressions suivantes dans le tableau en notant leur numéro.

a. Ça alors, je n'en reviens pas. – b. J'y crois dur comme fer. – c. J'en ai plus qu'assez. – d. Je suis déçu. – e. Si seulement j'avais son talent. – f. C'en est trop. – g. J'avais tellement envie de protester ! – h. Je n'aurais jamais cru que l'on pouvait penser ça. – i. Pourvu que les gens lui fassent confiance. – j. Je suis impressionnée par sa capacité de travail. – k. J'en ai par dessus la tête de ces histoires. – l. Quel dommage ! – m. C'est incroyable ! – n. J'espère qu'il sera convainquant. – o. J'attendais beaucoup de ce candidat. – p. À sa place, je n'aurais jamais pu faire cela : c'est formidable !

Colère	Déception	Espoir	Admiration	Surprise
....	....	....	....	....

Activité 6

Indiquez si les phrases suivantes expriment l'espoir, la surprise ou l'admiration. Soulignez les mots ou expressions utilisés.

a. Pour une fois, les employés des transports aériens auront trouvé un autre moyen de pression que la grève. C'est surprenant. ⇨ ....

b. Je suis étonnée que les jeunes ne fassent rien pour changer cette situation. ⇨ ....

c. Moi, je trouve remarquable que les jeunes se soient réunis et organisés pour faire bouger les choses.
⇨ ....

d. Si seulement leurs revendications pouvaient être entendues et prises en compte ! ⇨ ....

e. C'est une idée fantastique ! Mais pourquoi ne l'a-t-on pas eu avant ? ⇨ ....

f. Elle est vraiment brillante et elle a une analyse de la situation hors du commun ! Elle est épatante !
⇨ ....

g. Quoi, elle a osé demander une augmentation de 50 % à son patron ? Non, je n'y crois pas, ce n'est pas possible ! ⇨ ....

h. La direction nous a promis des aménagements de temps de travail, pourvu qu'elle respecte ses promesses.
⇨ ....

Activité 7

Réagissez ! Exprimez vos sentiments comme dans l'exemple.

Colère :

a. La faim dans le monde : *C'est révoltant qu'il y ait encore des gens qui meurent de faim à l'heure actuelle.*

b. Le chômage des jeunes : ....

Déception :

c. Les présidents ne tiennent pas leurs promesses de campagne : ....

d. Les syndicats n'agissent pas assez : ....

Surprise :

e. La victoire d'un candidat : ....

f. La promulgation de la loi anti-tabac : ....

Espoir :

g. De nouvelles mesures économiques : ....

h. Un nouveau candidat : ....

Activité 8

Regardez le schéma et, avec vos connaissances, complétez-le.

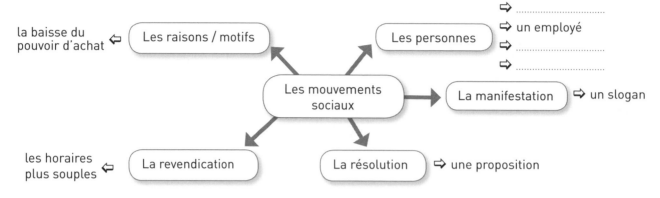

Activité 9

Lisez l'article puis répondez aux questions.

Fin du mouvement social dans les aéroports après 11 jours de grève

Le mouvement de grève des agents de sûreté aéroportuaire en France, lancé le 16 décembre, arrive à sa fin. En effet, un accord de sortie de crise a été signé lundi par la majorité des syndicats et cela après de longues négociations effectuées entre le médiateur et les représentants des grévistes. Les deux grands syndicats ont finalement accepté les propositions du patronat accordant une prime annuelle aux agents de sûreté, et non la hausse de salaire initialement réclamée, ainsi que de meilleures conditions de travail. Le secrétaire général de la CCFT précise que la signature de l'accord a été conclue lors de la dernière assemblée générale à la demande de nombreux employés souhaitant sortir du conflit et mettre fin au mouvement. D'autres plus catégoriques auraient préféré reconduire la grève. Ceux-là même qui durant les négociations ont défilé dans les rues et manifesté devant l'entrée de l'aéroport avec de nombreuses banderoles sur lesquelles nous pouvions lire des slogans tels que « la sécurité n'a pas de prix » ou « nous manifestons pour votre sécurité ».

Gilles Montagnon, porte-parole de Force Syndicale : « Il est vrai que nos revendications initiales n'ont pas toutes été prises en compte, comme par exemple la hausse des effectifs. Cependant, l'accord signé a apporté une réponse aux différentes préoccupations des agents de sureté aéroportuaire en matière d'emploi, de conditions de travail et de rémunération. Ce qui est important maintenant, c'est qu'il y ait une reprise du dialogue social.

Je voudrais aussi souligner que, contrairement à ce qui a pu être dit, nous avons donné un préavis de grève à notre direction en respectant les délais dans ce genre de situation. »
À présent, la situation de transit des passagers est tout à fait normale. Les aéroports français sont près à accueillir la vague de voyageurs qui va déferler sous peu.

Gwénael G.
La dépêche de l'Est, 28 décembre 2011.

a. Combien de temps a duré la grève ? ....

b. Quelles étaient les revendications ? ....

c. Les grévistes ont-ils réussi à obtenir satisfaction ? ....

d. Comment la grève a-t-elle pris fin ? ....

e. La reprise du travail a-t-elle été votée à l'unanimité ? ....

Activité 10

Lisez à nouveau le texte de l'activité 9 et complétez le schéma de l'activité 8 avec le vocabulaire du texte.

J'en reviens pas !

Activité 11

Choisissez la réponse correcte.

a. Je ne pense pas qu'on (aies / a / ait) besoin de reculer l'âge de la retraite pour ceux qui ont déjà travaillé plus de 40 ans.

b. Brigitte et Paulette pensent que la réunion syndicale (soit / sera / sont) annulée.

c. Il faudrait qu'ils (fassent / fasse / font) une assemblée générale pour récolter toutes les doléances.

d. Nous sommes heureux que notre candidat (ait / a / ayons) gagné cette élection.

e. Il est probable que le mouvement de gauche (s'abstienne / s'abstient / s'abstiennent) de donner une consigne de vote pour le second tour.

f. Je n'ai pas l'impression que les Européens (ont / aies / aient) envie de se battre pour leurs voisins.

g. Je suis fier que nous nous (sommes / soyons / sois) réunis pour affronter la direction.

h. Vous êtes déçus que nous ne (pouvons / puissent / puissions) pas exprimer correctement nos revendications.

Activité 12

Conjuguez les verbes à l'indicatif, à l'infinitif ou au subjonctif.

a. Je suis désolé de .... (voir) autant de mouvements sociaux actuellement.

b. Le peuple français est furieux qu'il y .... (avoir) autant de chômage parmi les jeunes.

c. La majorité des employés ont refusé de .... (faire) la grève.

d. Il est incompréhensible que les employés ne .... (pouvoir) pas percevoir leurs indemnités de chômage après leur licenciement.

e. Il est honteux de .... (rester) ici sans réagir alors que nous .... (être) indignés par la situation.

f. Nous sommes heureux de .... (avoir débattu) si courtoisement.

g. Je crois que nous .... (aller) vers la faillite avec des mesures aussi grotesques.

h. Je ne crois pas que nous .... (être) en position de force pour négocier.

i. Il se peut que nous .... (devoir) faire des concessions.

Activité 13

Complétez les phrases avec les noms issus des adjectifs entre parenthèses.

a. Il a su accepter sa défaite avec une grande .... (digne).

b. Ses propos sont teintés de .... (noble).

c. L'..................... (honorable) de cette candidate n'est plus à démontrer.

d. Contrairement à son frère, Simon est doté d'une grande .... (modeste).

e. Elle ne supporte pas que son supérieur s'adresse à elle avec un tel .... (méprisant). Elle ressent toujours une forte .... (humilié).

f. Ses discours sont d'une telle .... (froid) qu'ils ne touchent personne. Il n'y met aucun sentiment, il n'a pas cette .... (passionné) qu'ont les hommes politiques. Il n'est pas fait pour cela.

g. C'est avec .... (stupéfait) que nous avons appris la fermeture de l'entreprise.

h. Quel a été notre .... (étonné) quand nous nous sommes rendus compte qu'un riche entrepreneur avait racheté notre usine !

Bilan

 1. **Lisez le texte et répondez aux questions.**

Le ministre annonce l'installation de « radars pédagogiques »

Publié le 22/05/2011 à 11:13 – Modifié le 23/05/2011 à 06:53

Le ministre de l'Intérieur entend calmer la colère des députés qui contestent la suppression des panneaux signalant la présence de radars. Des « radars pédagogiques » indiquant aux conducteurs la vitesse à laquelle ils circulent seront installés sur les routes de France, a annoncé dimanche le ministre de l'Intérieur. Un millier de panneaux de ce type sera installé à partir de la semaine prochaine.

« Un radar pédagogique, c'est un panneau qui indique la vitesse à laquelle vous circulez, qui sera placé notamment dans les zones dangereuses, y compris sur les itinéraires sur lesquels les radars existent », a expliqué le ministre. « La plupart des automobilistes lèveront le pied », a ajouté le ministre, qui a dit vouloir ouvrir ainsi un nouveau volet à la politique du gouvernement en matière de sécurité routière. Avec ce système, déjà expérimenté, les automobilistes seront « incités et même assistés », a-t-il poursuivi. « Notre idée, c'est que, si ça marche, on développe cela de façon importante. »

Environ 4 000 morts par an sur les routes françaises

En réponse à une recrudescence du nombre de morts sur les routes, le gouvernement a notamment décidé de retirer les panneaux routiers signalant la présence de radars, provoquant la colère des députés. Comme le président cette semaine, le ministre a réaffirmé qu'il n'était pas question de revenir sur cette mesure. « Il s'agit de vies et c'est une mesure qui sera efficace, tous les experts le disent. Donc cette mesure sera maintenue », a-t-il dit.

Le nombre de morts sur les routes françaises a augmenté de 19,9 % en avril (355 décès) par rapport au même mois en 2010. Le nombre de tués sur les routes est en hausse de 13 % sur les quatre premiers mois de l'année. Les accidents de la route font environ 4 000 morts chaque année en France.

D'après http://www.lepoint.fr

a. Quelle est la mesure qui est annoncée ?

....

b. Cette mesure fait suite à une autre décision politique, laquelle ?

....

c. Pourquoi la nouvelle mesure est-elle prise ?

....

d. Qu'est-ce qu'un radar pédagogique ?

....

e. À quoi ces radars pédagogiques vont-ils servir ?

....

f. Quel est le pourcentage d'augmentation du nombre de morts sur les routes en avril ?

....

g. Quel est le nombre moyen de décès sur les routes en France par an ?

....

2. **Complétez par des mots exprimant l'antériorité, la simultanéité ou la postériorité.**

a. .... la décision du ministre, il y avait des panneaux qui annonçaient les radars.

b. .... il a annoncé la suppression des panneaux annonçant les radars, tous les partis ont été scandalisés.

c. ...., on nous indiquait où se trouvaient les radars fixes.

d. .... l'annonce de l'installation des radars pédagogiques, certaines personnes ont été rassurées.

e. .... arriver aux radars pédagogiques, de nombreuses autres solutions avaient été proposées.

f. .... longues négociations, c'est cette solution qui a été adoptée.

g. .... les radars pédagogiques soient installés partout, il y aura des zones de tests.

h. .... un certain temps les deux types de radars cohabiteront.

3. Suite à cette annonce, de nombreuses réactions se font entendre. Retrouvez qui dit quoi en notant les numéros des phrases.

1. Un automobiliste mécontent : ....

2. La porte-parole d'une association de victimes d'accidents de la route : ....

3. Un membre du gouvernement : ....

a. Nous sommes déçus que le gouvernement ait pris cette décision sans nous avoir consultés avant.

b. Il est inadmissible de voir comment le gouvernement veut uniquement se remplir les poches.

c. Avec cette mesure, nous espérons faire reculer le nombre de morts sur les routes.

d. C'est révoltant que la véritable volonté du gouvernement soit de nous prendre quelques euros plutôt que de penser à sauver des vies.

e. Il n'est pas surprenant que les Français soient contre cette mesure mais nous voulons avant tout sauver des vies humaines, voilà pourquoi nous appliquons cette mesure aussi impopulaire soit-elle.

f. Nous souhaitons vivement que cette mesure puisse sauver des vies mais nous en doutons.

4. Rédigez ce que les personnes suivantes veulent exprimer face à cette nouvelle mesure.

a. un automobiliste, son indignation : ....

b. un automobiliste, sa satisfaction : ....

c. une mère de famille, son admiration : ....

d. un accidenté de la route, son espoir : ....

e. une jeune conductrice, sa surprise : ....

5. Remplacez les mots soulignés afin d'éviter les répétitions.

a. La mesure adoptée par le gouvernement n'est pas populaire. Cette mesure aura beaucoup de mal à être acceptée. ➪ ....

b. Ce changement n'est pas apprécié mais ce changement est nécessaire. ➪ ....

c. Les parlementaires n'ont pas encore donné leur avis. Ce sont les parlementaires qui voteront la loi.

➪ ....

d. Je comprends les gens qui sont contre ce changement. Ce sont ces gens qui commettent le plus d'infractions.

➪ ....

6. On dit que les Français râlent tout le temps. Faites l'activité suivante et vous saurez comment exprimer vos sentiments en peu de mots comme les Français. Écrivez les noms correspondant aux adjectifs suivants.

C'est scandaleux : c'est un scandale !

a. C'est honteux : c'est une .... !

b. Ce n'est pas surprenant : ce n'est pas une .... !

c. Je suis déçu : quelle .... !

d. Ils sont acharnés contre nous : .... !

e. C'est cruel : .... !

f. Ils sont vraiment obstinés : .... !

g. Ils insistent : .... !

Activité 1

Associez les métiers et les annonces.

1. Responsable qualité de produits bio
2. Installateur de panneaux photovoltaïques
3. Technicien d'élevage biologique
4. Ingénieur en biocarburant

.... a.
> Vous êtes passionné par la nature et les animaux. Vous ne supportez pas de voir des bêtes enfermées. Vous croyez en l'avenir des produits et des animaux élevés en semi-liberté.

> Nous avons presque épuisé toute l'énergie fossile disponible sur Terre mais nous avons besoin de carburant pour faire fonctionner nos machines. Aujourd'hui, comment utiliser du carburant tout en protégeant l'environnement ?

> Votre rôle sera de garantir au consommateur des aliments d'origine biologique. Vous devrez analyser les produits et valider leur conformité par rapport aux normes en vigueur. En plus des connaissances sur la matière première, vous devrez posséder des compétences variées en informatique et en anglais. Vous pouvez y accéder avez un bac +2 dans le domaine, par exemple un DUT Génie biologique option industries alimentaires et biologiques.

.... b.

.... c.

> Électricien de formation, avec ce stage, vous pourrez installer les équipements solaires et les raccorder au réseau. Vous ferez la mise en service du matériel ainsi que sa maintenance. Vous aurez un contact privilégié avec le client.

.... d.

Activité 2

Relisez les annonces de l'activité 1 et classez-les en notant leur numéro.

1. Offre d'emploi : ....

2. Offre de formation : ....

3. Fiche de présentation de profession (= fiche métier) : ....

Activité 3

Retrouvez de quelle annonce sont issues ces phrases. Notez le numéro de l'annonce correspondante.

.... **1.** Si la recherche vous motive et les essais sur les nouveaux carburants vous passionnent, faites-nous parvenir votre CV et une lettre de motivation.

.... **2.** Nous avons les mêmes valeurs de respect de l'environnement et des êtres vivants, pourquoi ne pas collaborer ?

.... **3.** Analyse et qualité sont votre devise, alors ce métier est fait pour vous !

.... **4.** Vous souhaitez diversifier vos compétences, pourquoi ne pas profiter de nos formations de monteur de panneaux solaires ?

.... **5.** C'est ce que nous vous proposons en rejoignant notre équipe de laborantins.

.... **6.** Rejoignez notre ferme et aidez-nous à réaliser notre rêve.

Activité 4

Indiquez si les phrases expriment une proposition pour travailler ensemble (P) ou l'expression de compétences (C).

.... **a.** Vous voulez faire partie de la meilleure entreprise française du moment ?

.... **b.** Si vous êtes titulaire d'un bac +5 en biochimie, votre candidature nous intéresse, envoyez-nous votre CV.

.... **c.** Je suis doué(e) pour l'analyse.

.... **d.** Passionné(e) par la protection de l'environnement, je sais me rendre utile.

.... **e.** Pourquoi ne pas allier nos compétences ?

.... **f.** Nous cherchons un agent agronome.

.... **g.** Le contact humain est un don pour moi.

.... **h.** Nous serions ravis de pouvoir profiter de vos services.

.... **i.** Je suis apte à diriger une équipe de 15 personnes.

Activité 5

Deux candidats sont convoqués pour un emploi dans le domaine de l'énergie verte. Ils vont passer un entretien en même temps avec les recruteurs. Écoutez. Quel est le problème lors de cet entretien ?

....

Activité 6

Réécoutez. Dans la liste suivante, barrez les thèmes non abordés lors de l'entretien puis classez les autres dans l'ordre chronologique de l'entretien.

*l'aptitude du candidat à occuper le poste – les études – l'expérience – le salaire –
la description du poste – la motivation et l'intérêt pour le poste*

1. ....   **2.** ....

3. ....

Activité 7

Réécoutez. Pour chacune des étapes de l'entretien, relevez les expressions employées par chacun des candidats pour faire valoir ses compétences.

a. « Vous avez déjà eu une expérience dans ce domaine ? »

....

b. « Dites-moi ce que vous pourriez apporter à notre équipe. »

....

Activité 8

**Associez les éléments de chaque colonne pour exprimer vos compétences inavouables.
(Plusieurs réponses sont possibles.) Puis changez les éléments de la colonne B pour exprimer
vos compétences avouables.**

Colonne A
a. J'ai un don pour
b. Je suis en mesure de
c. Je sais faire face à
d. Je suis capable de
e. Je suis doué pour

Colonne B
1. une montagne de crème glacée.
2. faire couler votre entreprise.
3. le mensonge.
4. dormir toute la journée.
5. faire fuir les clients.

1. ....   **2.** ....

3. ....   **4.** ....

5. ....

🎧 Activité 9

Écoutez les phrases et complétez leur transformation au discours indirect. Attention à la concordance des temps et aux changements de pronoms !

a. Christian Bachard nous a expliqué que les éoliennes .... être placées dans un endroit où le vent .... fréquent et régulier. Il .... au moins un vent de 10 à 20 km/h mais surtout pas plus que 90 km/h sinon ça .... l'éolienne. Il a aussi précisé que .... bien choisir l'endroit où .... machine. Que .... faire appel à un spécialiste éolien pour qu'il puisse étudier toutes les possibilités de rotation du vent. Enfin, il nous a dit que les éoliennes se .... à 300 mètres minimum de .... maison, sinon .... souffrir des nuisances sonores.

b. Simon Erzog nous a expliqué ce qu' .... un panneau photovoltaïque. Il nous a dit qu'un panneau photovoltaïque, c' .... ce qu'on .... communément un panneau solaire. Que ces panneaux .... de petites cellules qui .... le rayonnement du soleil. Et que cette énergie solaire .... en énergie électrique, et qu'elle .... alors .... par les Français ou stockée. Il nous a raconté qu'au début ces panneaux .... aux entreprises, mais très vite. les particuliers .... en bénéficier pour leur propre consommation. Il a précisé que parfois, certains particuliers .... beaucoup d'énergie, plus qu'il ne leur en ...., qu'ils .... alors .... leur énergie aux entreprises. Il a conclu en disant que, grâce à ce complément, ils .... alors .... et .... leur installation très rapidement.

c. Irène Quatis nous a parlé des pompes à chaleur. Elle nous a dit qu'il .... plusieurs types de pompes à chaleur : la géothermique et l'aérothermique et que, dans ces deux catégories, il .... encore des spécificités. Elle nous a avertis qu' .... juste, pour ne pas .... donner trop détails, ... comment .... les pompes géothermiques. Elle nous a expliqué que celles-ci .... généralement .... par les particuliers. Que ces pompes .... la chaleur qu' .... le sol grâce à des tuyaux qui .... dans .... jardin. Elle a précisé qu'ils .... à une quarantaine de cm de profondeur, donc c' .... totalement invisible et que c' .... suffisamment profond pour que .... utiliser notre jardin comme avant. Elle a assuré que .... ne .... absolument rien. Elle nous a dit .... peur, que c' .... totalement sans risque.

Activité 10

Retrouvez de quelle énergie il est question : éolienne (E), solaire (S), géothermique (G) ou hydraulique (H).

a. Les tuyaux sont enterrés. ....

b. C'est près des côtes qu'elles fonctionnent le mieux. ....

c. Il ne faut surtout pas qu'il y ait de l'ombre dessus. ....

d. C'est une installation invisible après les travaux. ....

e. Les barrages sont très solides, ils doivent résister à la pression. ....

f. L'inconvénient, c'est qu'elles font beaucoup de bruit. ....

g. Les déserts seraient un lieu idéal d'installation. ....

h. C'est une installation que les particuliers ne peuvent pas avoir chez eux. ....

Activité 11

Écrivez les commentaires de ce micro-trottoir au discours indirect.

a. Aline : « Hier, quand je suis passée à côté d'un parc éolien, il n'y avait que 3 éoliennes sur 5 en fonctionnement. Est-ce que c'est vraiment rentable alors ? »

Aline a raconté ....

b. Aurélie : « Je ne sais pas comment ça fonctionne ! Et puis comment peut-on ramener sur terre l'électricité produite par des éoliennes en mer ? Avec des câbles d'électricité dans l'eau… ? On va électrocuter tous les poissons… Ça reste pour moi un mystère, il faudrait m'expliquer. »

Aurélie a confié ....

....

....

c. Alex : « Le seul avis que j'ai, c'est que je trouve ça affreusement moche, pas vous ? Faites quelque chose pour rendre cela agréable à la vue. »

Alex a affirmé ....

d. Fang : « L'éolien présente plusieurs avantages : le vent est une énergie propre, renouvelable et donc inépuisable. Par contre, en mer, les éoliennes sont plus difficiles à installer et à entretenir que sur terre. En effet, elles doivent pouvoir résister aux vents forts, aux grosses vagues et à la corrosion par le sel. Cependant, elles s'avèrent beaucoup plus rentables énergétiquement grâce à leur exposition aux vents marins, beaucoup plus forts que les vents que nous avons à l'intérieur des terres. Donc, je pense que c'est une énergie à développer. »

Fang a expliqué ....

....

....

....

e. David : « L'énergie solaire n'est pas LA solution mais une des solutions. »

David a indiqué ....

f. Margaux : « Je ne sais pas ce que deviendra cette énergie lorsque le gouvernement stoppera les subventions pour les installations. Est-ce que les Français voudront encore de ces panneaux si chers à l'achat et pas toujours rentables ? »

Margaux a déclaré ....

....

....

🎧 Activité 1

**Écoutez ce reportage puis indiquez si les affirmations sont vraies ou fausses.
Justifiez vos réponses.**

a. Grâce au recyclage, le Brésil peut économiser la consommation d'énergie d'une ville de plus d'un million d'habitants.

....

b. Le domaine du recyclage emploi 170 000 personnes.

....

c. Le recyclage des déchets est organisé par des grosses entreprises multinationales.

....

d. Le Brésil recycle plus que le Japon.

....

e. En plus de son aspect écologique, le recyclage a permis de faire des avancées sur le plan social.

....

🎧 Activité 2

Réécoutez et relevez trois phrases qui présentent un changement ou une évolution.

....

....

Activité 3

Complétez le texte avec les expressions proposées indiquant un changement ou une évolution.

*est devenu une préoccupation – se développe – plus grande sensibilisation – qui bouleversent –
qu'il dépasse la sphère individuelle... pour entrer – ont beaucoup changé – se multiplient*

En quelques années, les mentalités .... En effet, en une dizaine d'années, nous sommes passés d'une consommation à outrance à une consommation raisonnable. Actuellement, le mot d'ordre d'une bonne partie de la population est « rien ne se jette, tout se transforme ». Pour preuve, la floraison de nombreuses boutiques de réparation d'objets de toutes sortes : appareils électroménagers, maroquinerie, même les couturières redeviennent à la mode...
Effet de la crise ? Prise de conscience ? .... aux problèmes écologiques ? Peu importe. Toujours est-il que ce phénomène .... et si bien .... et privée .... dans l'univers professionnel où les petits gestes écolos .... Un simple exemple : il existe des souris d'ordinateur qui permettent, grâce à un simple clic, de mettre l'ordinateur en veille, puis, par un autre simple clic, de le rallumer. Grâce à ce système, il est très facile d'économiser de l'énergie. Chaque employé devient donc un consomacteur ou plutôt un « écoployé ».
De plus, ce qui se passe à l'intérieur des entreprises ...., notamment pour l'Union européenne qui va interdire la fabrication des cafetières électriques à plaques, les préférées des entreprises car elles permettaient de garder du café au chaud pendant de nombreuses heures.
Bref, de nombreuses actions .... notre rapport à l'entreprise et plus largement le rôle de l'entreprise face à la nature et au respect de l'environnement.

On se met au vert !

Activité 4

Soulignez les expressions qui expriment une proposition d'action.

Objet :	Ensemble faisons un geste pour l'environnement.

Suite à l'annonce des nouvelles mesures européennes que nous allons devoir prendre pour limiter notre consommation d'énergie, nous souhaitons aller plus loin dans cette démarche.
C'est pourquoi nous vous proposons de réunir nos idées afin d'établir un plan d'éco-réduction et de protection de l'environnement. Pour que ce plan soit efficace, il faut que ces propositions viennent de vous. Nous vous invitons donc à nous faire part de vos suggestions par retour de mail. Nous souhaiterions mettre ces mesures en place à partir du mois prochain. Toutes vos idées sont les bienvenues, alors n'hésitez pas à nous les communiquer.

Activité 5

Voici quelques réponses des employés. Barrez celles qui ne sont pas de bonnes propositions écologiques.

a. Je vous invite à éteindre les lumières à chaque fois que vous sortez d'une pièce.

b. Il faut que le fait d'éteindre les écrans d'ordinateurs devienne un réflexe.

c. Pour économiser de l'énergie, je vous propose de rester moins de temps dans votre bureau et de rentrer plus tôt chez vous.

d. Il faudrait que toutes les toilettes soient équipées d'économiseurs d'eau (robinet et chasses d'eau).

e. Je vous invite à apporter une tasse réutilisable plutôt que d'utiliser des gobelets en carton.

f. Il faut laisser le chauffage ou la climatisation au maximum toute la nuit comme cela la température est constante et cela évite les pics de consommation le matin.

g. Il n'est pas utile d'éteindre les lumières si vous avez des ampoules économiques. En les utilisant, vous faites déjà des économies d'énergie.

h. En imprimant recto verso, vous économisez 50 % de votre consommation de papier !

i. Préférez les ordinateurs portables, ils consomment moins d'énergie !

j. Pensez à recycler le papier, faites-en des brouillons.

Activité 6

À vous maintenant. Proposez vos écogestes oralement. Vous pouvez utiliser les expressions proposées ou bien en proposer vous-même.

Je vous propose / Je vous invite à / Je voudrais que / Il faut que / Je souhaiterais que / Pensez à / Faites...

– Installer des détecteurs de mouvement pour que la lumière s'éteigne automatiquement.
– Acheter des feuilles de papier recyclé.
– Mettre des économiseurs d'eau, cela permet de réduire la consommation jusqu'à 70 %.
– N'utiliser que des appareils qui fonctionnent à l'énergie solaire.
– Recycler les moindres déchets.
– Acheter des poubelles de tri.
– Optimiser le chauffage et la clim. Il y a toujours des excès : trop chaud en hiver et trop froid en été.
– Suivre des formations de sensibilisation : peu de gens savent qu'il faut de l'énergie pour faire fonctionner les appareils qui sont en veille.
– Reverser aux employés une partie des économies réalisées par ces gestes pour les motiver à adopter ces pratiques.
– Mettre des minuteurs pour la lumière dans les parties communes (couloirs, toilettes, salles de repos et de réunion).
– Installer des capteurs sur les fenêtres et les relier aux radiateurs : lorsqu'elles sont ouvertes, le chauffage s'arrête automatiquement.
– Faire un compost avec les déchets organiques de notre pause déjeuner.
– Donner une prime à ceux qui utilisent les transports en commun pour venir au travail.

Activité 7

Lisez les articles et retrouvez de quel produit il s'agit.

cordages et voiles – coquilles d'huîtres – coquilles de noix

a. ....

Un breton a eu l'idée de les utiliser pour faire de la peinture pour le marquage routier. Une idée 4 en 1 :
– On extrait moins de calcaire des montagnes pour utiliser celui produit en Bretagne et sur le littoral.
– Broyées en petits morceaux, elles servent aussi d'avertisseur sonore pour les conducteurs qui sortent de leur voie.
– Ces petits morceaux sont antidérapants pour les cyclistes et motards.
– En cas de pluie, les passages pour piétons sont moins glissants et ça évite donc de nombreux accidents.

b. ....

Une entreprise du sud-est de la France broie finement leurs coquilles et la poudre obtenue sert à nettoyer les feux de piste des aéroports de Roissy et Orly. Avant, ces feux étaient décapés au nettoyeur haute pression, utilisant ainsi une grande quantité d'eau chaude et des agents chimiques associés. Maintenant, on projette uniquement leur fine poudre sur le verre des feux, sans autre ajout de produits.

c. ....

Constatant que ces produits en fin de vie finissaient dans les incinérateurs, une association a décidé de les recycler pour les transformer en cabas, pochettes pour cartes marines et cartables d'écoliers car les textiles marins sont connus pour leur grande résistance. Le projet est soutenu par le Fonds Social Européen.

Activité 8

Relisez les textes de l'activité précédente. Puis classez dans le tableau tous les mots appartenant au champ lexical du recyclage et de la protection de l'environnement.

Recyclage	Protection de l'environnement

(43) Activité 9

Écoutez et complétez les espaces vides avec des homophones grammaticaux : *mets / mais ; quel / qu'elle ; ni / n'y ; plus tôt / plutôt ; sait / c'est / ses ; si / s'y ; tous / tout.*

1. .... tes chaussettes en coton biologique, avec les synthétiques tu vas transpirer.

2. .... voyons... Tu ne vas tout de même pas acheter ce produit !? Il est 100 % industriel !

3. .... que soit son aversion pour tout ce qui est écologique, il faudra bien .... introduise des actions environnementales dans son programme politique, ... ne veuille ou non.

4. Il .... a aucune contestation sur le réchauffement climatique, ... les scientifiques .... les politiques ne peuvent encore émettre des doutes.

5. .... nous commencerons à trier nos déchets, ... nous baisserons la production de CO_2 dans l'atmosphère. Il vaut mieux trier .... que de laisser faire et avoir à porter des masques antipollution dans quelques années. Tu ne crois pas ?

6. Il .... parfaitement que l'économie verte est l'économie du futur. Il .... comment faire pour persuader les dirigeants d'entreprise : il est vraiment très fort, ... normal, ...

On se met au vert !

son métier. Il leur explique simplement des choses compliquées. La clé de sa réussite, ...

qu'il .... comment ébranler leurs convictions avec .... petits exemples pertinents.

7. Même .... le gouvernement promet des subventions pour des investissements écologiques,

Lucas ne .... méprend pas. Il sait bien que ces effets d'annonces sont dus aux prochaines élections.

8. .... les représentants européens se sont réunis pour traiter du réchauffement climatique.

Ils essayent .... ensemble de trouver des solutions et un compromis. .... le monde

est conscient de la difficulté de la chose.

Activité 10

Remettez le texte dans l'ordre en vous aidant des connecteurs logiques. Numérotez les phrases.

.... **a.** D'abord, la lessive en feuilles ne contient pas de phosphates et des ingrédients biodégradables entrent dans sa composition.

.... **b.** Enfin, pour l'utilisation du produit, rien de plus simple. Il suffit de glisser la feuille directement dans le tambour de la machine à laver et elle se dissout instantanément, que l'eau soit chaude ou froide.

.... **c.** D'autre part, l'emballage contribue aussi à offrir à la lessive en feuilles Dizolve un aspect plus écologique.

.... **d.** Au début, il y avait la lessive en poudre, puis la lessive liquide et enfin la lessive en tablettes.

.... **e.** En effet, beaucoup plus petit qu'un emballage classique, il contient 85 % de plastique en moins. Quant aux cartons de Dizolve, ils sont entièrement recyclables.

.... **f.** Ensuite, le format « feuille » permet de réduire significativement l'empreinte carbone de la lessive, puisqu'un sachet contenant 16 de ces feuilles permet de faire jusqu'à 32 lavages.

.... **g.** Désormais, il y a la lessive en feuilles. Cette nouveauté vient tout droit du Canada. Quels sont les avantages de cette nouvelle lessive ?

Activité 11

Complétez avec les connecteurs logiques.

ainsi (× 2) – donc (× 2) – en effet – cependant – d'une part – notamment – en revanche – d'autre part

a. La fin des cafetières électriques ?

Ces machines si pratiques consommeraient .... à elles seules un tiers de l'énergie produite par toutes

les éoliennes du pays. Cafetières à filtres ou machines à dosettes, toutes sont concernées, ... les

dernières citées qui maintiennent l'eau chaude tout au long de la journée. La Commission européenne réfléchit

.... à imposer aux constructeurs un système qui déclencherait l'arrêt automatique de la cafetière,

et .... réduire le gouffre énergétique.

b. Pourquoi mettre des boules de lavage dans mon lave-linge ?

.... parce que les boules de lavage qui vont frapper votre linge vont augmenter le pouvoir nettoyant

de votre lave- linge. .... vous utiliserez deux fois moins de lessive et d'adoucissant. ....

en utilisant ces boules, vous pourrez vous servir plus souvent des programmes courts et à basse température.

Vous faites .... un geste pour votre porte-monnaie et pour l'environnement. ....,

un petit désagrément : le bruit que ces boules provoquent en frappant contre le tambour de votre machine.

.... si votre machine à laver est dans la cave... vous n'avez plus d'excuses pour ne pas utiliser

les boules de lavage.

Bilan

1. Écoutez ce reportage et dites si les affirmations sont vraies au fausses. Justifiez vos réponses.

a. Les métiers verts sont des métiers qui proposent de travailler dans la nature.

....

b. La protection de la nature ne représente qu'une part minime des emplois.

....

c. Les métiers qui embauchent le plus sont ceux qui ont un lien avec l'énergie renouvelable.

....

d. Généralement, les métiers verts sont des métiers très techniques et spécialisés.

....

e. Les entreprises privées emploient plus que le secteur public.

....

f. En début de carrière, il est possible de gagner entre 1 400 et 2 300 € par mois.

....

2. Réécoutez et retrouvez les mots équivalents.

a. *S'investir* dans un métier vert : ....

b. *Les embauches* concernent des métiers spécialisés : ....

c. Des professionnels *compétents* : ....

d. On compte l'essentiel des *emplois* dans l'environnement : ....

e. Ne suscitent pas vraiment les *dispositions* à faire quelque chose : ....

3. Réécoutez et retrouvez au moins trois professions appartenant aux métiers verts et le salaire correspondant quand il est précisé.

....

....

4. Pendant que vous avez écouté le reportage, vous avez pris des notes pour transmettre, au style indirect, ces informations à un ami. Conjuguez les verbes entre parenthèses au passé.

Le journaliste .... (avertir) que si le secteur .... (être) aujourd'hui porteur d'emplois, les recrutements .... (concerner) essentiellement des métiers très spécialisés dans les éco-industries. Il .... (ajouter) que l'intérêt des étudiants pour les métiers de l'environnement n'................................. (avoir) jamais été aussi fort. Il .... (prévenir) que lorsque l'on .... (penser) « emplois verts », on .... (avoir) d'abord en tête les activités de protection de la nature, qui .... (représenter) moins de 6 % des emplois du secteur. Le journaliste .... (préciser) que c'................................. (être) en fait les entreprises industrielles qui .... (recruter). Qu'elles recherchaient des professionnels qualifiés pour mettre en place leur politique environnementale, détecter les risques et réduire les nuisances. Il .... (affirmer) que c'................................. (être) dans les métiers liés au traitement des déchets, des sols pollués, du recyclage des eaux ou encore de la surveillance de l'air que l'on .... (compter) l'essentiel des débouchés dans l'environnement. Il .... (conclure) qu'à elles seules, les activités de gestion des eaux usées et des déchets .... (représenter) plus de la moitié des emplois du secteur.

Au Costa Rica

✏ **5.** **L'aspect technique des emplois verts ne convient pas à votre ami. Ensemble, vous faites alors une recherche sur les métiers verts en contact direct avec la nature. Vous trouvez ce témoignage. Complétez avec les connecteurs logiques.**

de plus – car – par ailleurs – de plus en plus – en fait – c'est pourquoi – ensuite – pour commencer – puis – en résumé – donc

> Parole de pro ! À 30 ans, j'ai décidé de devenir fleuriste .... j'ai toujours été attirée par ce métier .... j'ai suivi le CAP fleuriste formation adulte. Comment se passe une journée type ? .... le matin tôt, on reçoit les fleurs de Hollande en cartons, il faut les recouper, les mettre dans l'eau. ...., il faut faire un bel étalage dans le magasin .... faire des compositions de bouquets, de la vente. .... c'est varié, cela dépend des fleurs reçues et de notre inspiration. .... la composition florale fait partie de la déco à la maison, on en achète pour soi aussi. .... l'art floral suit les tendances de la mode au niveau des vases, de la déco et même des fleurs. Il faut .... être créatif, s'intéresser à ce qui se fait de nouveau, pour se remettre en question, chercher à évoluer. .... il faut aimer les végétaux pour en prendre soin. On peut croire que c'est un métier facile. Mais c'est un métier salissant où l'on est toujours debout, on travaille dans le froid l'hiver, on travaille les week-ends et les jours de fête, périodes où l'on vend beaucoup. .... c'est un métier fait pour les passionnés.

✏ **6.** **Ce témoignage a inspiré votre ami. Il réalise qu'il veut devenir fleuriste. Il décide d'écrire au fleuriste de sa rue pour lui demander de faire un stage dans sa boutique. Mais avant, vous devez faire ensemble la liste de ses compétences et de ses motivations. Reliez les éléments de chaque colonne.**

a. Depuis toujours je m'intéresse

b. On dit que j'ai

c. Je peux apprendre rapidement

d. Je suis capable

e. Travailler le week-end et les jours fériés

f. Je suis très motivé

1. tous les noms scientifiques des plantes.

2. ne me fait pas peur.

3. pour apprendre un véritable métier.

4. de travailler debout pendant longtemps.

5. la main verte.

6. aux plantes et à la nature.

✏ **7.** **Vous aidez votre ami à écrire une lettre avec les éléments de l'activité précédente. Vous pouvez ajouter d'autres éléments si vous le souhaitez. N'oubliez pas d'utiliser les connecteurs logiques.**

🎧 Activité 1

Écoutez les réponses d'une interview et retrouvez les questions qui ont été posées en les numérotant dans l'ordre entendu. Attention aux intrus.

a. Détenons-nous des informations sur leur impact environnemental ? Question n° ....

b. La nanotechnologie est une nouvelle découverte ? Question n° ....

c. Est-ce que vous pourriez préciser pourquoi les nanotechnologies ont une place centrale actuellement ? Question n° ....

d. Quels sont leurs domaines d'application ? Question n° ....

e. A-t-on raison de croire que les nanotechnologies sont néfastes pour la santé ? Question n° ....

f. Combien coûte la recherche dans les nanotechnologies ? Question n° ....

g. Vous pourriez nous donner des exemples concrets ? Question n° ....

h. J'ai entendu dire que les nanotechnologies faisaient aussi leur entrée dans la médecine... Question n° ....

i. Est-ce que vous pourriez nous expliquer ce qu'est la nanotechnologie ? Question n° ....

j. Les nanotechnologies sont-elles bien acceptées par l'opinion publique et par les professionnels ? Question n° ....

Activité 2

Relisez les questions de l'activité 1 et soulignez les phrases dans lesquelles la présentatrice demande des précisions.

Activité 3

Comment le dire autrement ? Par quel élément de la colonne B peut-on remplacer les éléments soulignés de la colonne A ? Reliez.

Colonne A

a. Est-ce que vous pourriez nous expliquer ce qu'est la nanotechnologie ?

b. Vous pourriez-nous donner des exemples concrets ?

c. Est-ce que vous pourriez préciser pourquoi les nanotechnologies ont une place centrale actuellement ?

d. Je me trompe ou le champ d'action est immense ?

Colonne B

1. Est-ce vrai que

2. Est-ce que vous pourriez spécifier

3. Vous serait-il possible de nous éclairer sur

4. Comme quoi ?

Activité 4

Vous souhaitez visiter une exposition scientifique avec vos amis du groupe de français. Vous vous chargez de l'organisation. Vous téléphonez pour avoir des précisions. Associez les éléments en notant le numéro des phrases.

a. Horaire : ....

b. Adresse : ....

c. Thème de l'exposition : ....

d. Public : ....

e. Tarif : ....

f. Visite de groupe / nombre de personnes : ....

1. Pourriez-vous me dire quel est le thème de l'exposition ce mois-ci ?

2. Est-il possible de faire des visites de groupes ? Jusqu'à combien de personnes ?

3. Je voudrais savoir si vous êtes ouvert le dimanche.

4. Appliquez-vous des tarifs spéciaux pour les groupes ?

5. Je n'arrive pas à retrouver le nom de la rue. Auriez-vous la gentillesse de me donner l'adresse s'il vous plaît ?

6. À partir de quel âge peut-on visiter cette exposition ?

Vive la science !

Activité 5

Vous posez d'autres questions sur :

a. le temps de la visite : ....

b. les langues disponibles pour l'audio guide de la visite : ....

c. l'aménagement pour les personnes à mobilité réduite : ....

Activité 6

Lisez puis indiquez si les affirmations sont vraies (V), fausses (F) ou si on ne donne pas la réponse dans le texte (X). Justifiez vos réponses en citant un passage issu du texte.

ET SI LE FUTUR SE TROUVAIT DANS UNE ÉPROUVETTE ?

Un chercheur japonais serait sur le point de présenter le premier hamburger dont le steak haché proviendrait... de cellules souches bovines.
Les travaux scientifiques d'un médecin japonais pourraient bien sonner la fin de l'élevage d'animaux destinés à la consommation de viande. Le Dr Takeshi Hiromou, de l'université de Sandaï, au Japon, serait sur le point de mettre au point un steak haché à partir de cellules souches. Le chercheur aurait prélevé des cellules de muscles de bovins avant de les mettre en culture dans du sérum. Résultat : « Les tissus produits ont exactement la même structure que les originaux » a-t-il assuré. Il espère maintenant réussir à reproduire un morceau de viande identique à celui que l'on trouve chez le boucher. Ambitieux ou tout simplement sûr de lui, il s'est fixé le mois d'octobre prochain pour présenter au monde entier le premier « hamburger-éprouvette ». Le coût de production de ce hamburger expérimental s'élève à 250 000 euros.
Commencées il y a six ans, ces recherches ont été financées par un riche donateur, qui souhaite rester anonyme. Cette personne souhaite « voir diminuer le nombre d'animaux de ferme abattus pour leur viande et réduire ainsi les émissions de gaz à effet de serre résultant de l'élevage » a précisé le scientifique. « La production de viande devrait doubler d'ici 2050 pour répondre à la demande et mobilise déjà 70 % de nos terres agricoles » a-t-il ajouté. Si la technique se révèle efficace, elle pourrait bien révolutionner l'élevage et bouleverser l'alimentation mondiale.

a. Un chercheur japonais vient de présenter un steak fabriqué scientifiquement.

....

b. Le steak fabriqué a exactement le même goût qu'un vrai steak de viande.

....

c. Ce steak n'est pas à la portée financière de tous les consommateurs.

....

d. Le Japon a financé cette recherche.

....

e. Le but de cette recherche est uniquement de ne plus élever les bêtes pour leur viande.

....

f. En 2050, il est possible que nous consommions deux fois plus de viande.

....

g. Actuellement, la production de viande nécessite 70 % des terres agricoles disponibles.

....

Activité 7

Relisez le texte et soulignez les cinq hypothèses formulées.

Activité 8

Faites des hypothèses sur les conséquences de cette recherche.

Si la technique se révèle efficace, elle pourrait bien révolutionner l'élevage.

a. Si la technique est efficace, ...

b. En admettant que cette technique ne fonctionne pas, ...

Activité 9

Lisez l'article puis résumez avec vos propres mots ce qu'est la Fête de la science.

La Fête de la science

◎ La science vivante, captivante, ludique
Pour comprendre son environnement et construire un avenir meilleur, il faut pouvoir accéder à l'information scientifique, connaître les enjeux associés aux résultats de la recherche, transmettre aux plus jeunes la curiosité pour le monde de demain. La Fête de la science est une occasion de découvrir le monde des sciences et de rencontrer les femmes et les hommes qui font la science d'aujourd'hui. C'est une multitude d'initiatives originales, partout et pour tous, où théâtre, musique, cinéma et même gastronomie se conjuguent avec chimie, biologie, mathématiques, ethnologie...

En 2012, la Fête de la science se déroulera du 10 au 14 octobre. « Les énergies pour tous » est le thème retenu. Cette année encore, attendez-vous à des milliers d'animations scientifiques gratuites, inventives et ludiques partout en France !

◎ Qui participe ?
De nombreux acteurs se mobilisent bénévolement : chercheurs, enseignants, ingénieurs, techniciens, entreprises, associations, collectivités territoriales. Et les différents départements et laboratoires de recherche s'ouvrent au public.

◎ À qui s'adresse la Fête de la science ?
Tous les publics, de tous âges, sont concernés : familles, scolaires, étudiants, curieux, sceptiques ou passionnés de sciences.

◎ Tous les domaines scientifiques sont représentés
De la biodiversité aux sciences de la vie et de la santé, en passant par les sciences de l'univers, les mathématiques, la physique, les sciences humaines et sociales, l'environnement, le développement durable, etc.

◎ Les enjeux de la Fête de la science
• favoriser le partage de savoirs et les échanges entre les chercheurs et les citoyens
• valoriser le travail de la communauté scientifique
• faciliter l'accès à une information scientifique de qualité
• permettre à chacun de mieux s'approprier les enjeux des évolutions scientifiques et ainsi favoriser une participation active au débat public
• découvrir le travail des scientifiques et les métiers issus de la recherche
• sensibiliser le grand public à la culture scientifique
• stimuler, chez les jeunes, l'intérêt pour la science, la curiosité à l'égard des carrières scientifiques, susciter des vocations.

D'après http://www.fetedelascience.fr/

Activité 10

Relisez et répondez aux questions.

a. Quels scientifiques seront présents à ces journées ? ....

b. Quels sont les domaines scientifiques représentés ? ....

c. Quels sont les adjectifs utilisés pour définir la science ? ....

d. Citez au moins trois objectifs de la Fête de la science. Quel est selon vous l'objectif le plus important ? Justifiez votre réponse. ....

Activité 11

Complétez le tableau.

Verbe	Participe présent	Adjectif verbal
convaincre	....	convaincant
différer	différant	....
exceller	....	excellent
fabriquer	....	fabricant
fatiguer	fatiguant	....

Vive la science !

Parmi les adjectifs verbaux, l'un est aussi employé comme nom commun, lequel ?

....

Activité 12

Complétez avec le participe présent ou l'adjectif verbal des verbes entre parenthèses.

a. Ces deux chercheurs ont .... (différer) opinions sur ce sujet.

b. .... (exceller) dans sa discipline, ce scientifique a obtenu de nombreux prix.

c. Est-ce qu'il est .... (fatiguer) de lire des rapports scientifiques ? Non, car, pour moi,
la physique restera une matière très .... (intriguer).

d. Cette femme est véritablement .... (étonner). C'est la meilleure chimiste du moment.

e. Elle dirige son équipe de 15 hommes avec beaucoup de finesse et de fermeté, ... (provoquer)
l'admiration de ses collègues.

Activité 13

Conjuguez les verbes entre parenthèses.

a. Si le gouvernement augmentait le budget pour la recherche, il y .... (avoir) plus d'avancées
médicales et les scientifiques .... (ne pas aller) pas à l'étranger effectuer leurs travaux.

b. Si je .... (avoir) eu de meilleures notes en mathématiques, je .... (pouvoir)
suivre une filière scientifique car j'étais très douée en biologie et en physique.

c. En imaginant que l'on découvre une autre planète identique à la Terre, que .... (se passer)-t-il ?

d. Admettons que les médecins-chercheurs trouvent un vaccin contre le SIDA, nous .... (faire)
un pas immense. Ça .... (être) une avancée formidable.

e. Si tu .... (finir) tes études d'archéologie l'année prochaine, nous pourrons partir pour travailler
ensemble sur des fouilles en Égypte. Ça .... (être) une expérience incroyable !

f. Si Leila .... (penser) qu'elle est faite pour des études de chimie, elle doit suivre son instinct.

g. Dans l'hypothèse où ton invention fonctionne, il .... (falloir) que tu déposes un brevet.

Activité 14

Et que se passerait-il si... ? Formulez des hypothèses à partir des affirmations suivantes.

Que se passerait-il si on pouvait réellement fabriquer de la viande à partir de cellules souches ?
*⇨ En admettant que l'on puisse réellement fabriquer de la viande à partir de cellule souches, nous pourrions
réduire la faim dans le monde.*

a. Que se passerait-il s'il était possible de vivre sur Mars ?

Imaginons que nous ....

b. Que se passerait-il si on trouvait le moyen de vivre éternellement ?

S'il ....

c. Que se passerait-il si l'on inventait des voitures capables de devenir aussi petites que des jouets après utilisation ?

• Si ....

• En imaginant que ....

• Soyons fous et imaginons ....

 **Activité 1**

Écoutez les symptômes que décrivent les patients suivants et retrouvez la maladie dont il est question.

1. Patient nº .... : un rhume

2. Patient nº .... : une grippe

3. Patient nº .... : une allergie

4. Patient nº .... : une angine = un mal de gorge

5. Patient nº .... : une indigestion = une crise de foie

6. Patient nº .... : une dépression

7. Patient nº .... : un problème respiratoire = de l'asthme

Activité 2

Reliez la maladie et ce que dit le médecin puis notez le numéro du patient concerné.

a. un rhume	**1.** Ne vous faites pas de souci, c'est un cas typique. Nous allons faire des tests pour identifier ce qui vous produit ces démangeaisons.	Patient nº : ....
b. une grippe	**2.** Nous allons prendre les choses en main pour régler ce problème. Ça peut être long mais vous allez retrouver votre goût de vivre et votre énergie.	Patient nº : ....
c. une angine = un mal de gorge	**3.** Mais ce n'est rien du tout, juste un vilain petit mal.	Patient nº : ....
d. une allergie	**4.** Après auscultation, vos poumons ne sont pas encombrés. Avec ce traitement, vous devriez pouvoir respirer plus facilement.	Patient nº : ....
e. une indigestion = une crise de foie	**5.** Ne vous inquiétez pas, c'est de saison. Dans une semaine, vous serez sur pied.	Patient nº : ....
f. une dépression	**6.** Je vous rassure, il n'y a pas d'infection. Votre gorge est juste irritée et enflammée.	Patient nº : ....
g. un problème respiratoire = de l'asthme	**7.** Ça, c'est parce que vous avez été trop gourmand. Rassurez-vous, dans 48 heures, cela sera oublié.	Patient nº : ....

Activité 3

Lisez le texte. Indiquez si les affirmations suivantes sont vraies (V), fausses (F) ou si on ne donne pas la réponse (X).

EFFETS DU STRESS AU TRAVAIL SUR LA SANTÉ

Hypertension, nervosité, fatigue, dépression... L'état de stress n'est pas une maladie mais lorsqu'il est intense et qu'il dure, il peut avoir des effets graves sur la santé morale et physique des travailleurs concernés.

L'état de stress aigu correspond à une réaction de notre organisme face à une situation stressante ponctuelle (prise de parole en public, situation inattendue, changement de poste...). Quand cette situation prend fin, les symptômes cessent généralement peu de temps après. L'état de stress chronique est une réponse de notre corps à une situation stressante qui dure. Il peut avoir des effets néfastes pour la santé.

Symptômes dus à un état de stress chronique

• Symptômes physiques : douleurs (maux de tête, douleurs musculaires, etc.), troubles du sommeil, de l'appétit et de la digestion, sueurs inhabituelles...

• Symptômes émotionnels : sensibilité et nervosité accrues, crises de larmes, angoisse, tristesse, sensation de mal-être...

• Symptômes intellectuels : perturbations de la concentration (erreurs, oublis), difficultés à prendre des initiatives...

Ces symptômes ont des répercussions sur les comportements : consommation de produits calmants ou excitants (café, tabac, alcool, somnifères, anxiolytiques...), modification des conduites alimentaires, comportements violents et agressifs, repli sur soi, difficultés à coopérer...

Si la situation stressante se prolonge, les symptômes s'installent ou s'aggravent, entraînant des altérations de la santé qui peuvent, dans certains cas, devenir irréversibles.

D'après http://www.inrs.fr

Le travail, c'est la santé ? **2** Rendez-vous

a. Le stress est défini comme maladie professionnelle. ....

b. Le stress peut avoir des effets sur la santé des employés. ....

c. Il y a deux types de stress. ....

d. Le stress aigu peut être assimilé à un bon stress ou un stress normal. ....

e. Le stress chronique est un stress qui s'établit sur la durée. ....

f. La majorité des personnes stressées ont une consommation élevée de café. ....

Activité 4

Relisez le texte et répondez aux questions.

a. Quels sont les trois types de symptômes du stress chronique ?

....

b. Sans relire le texte, pouvez-vous citer au moins deux symptômes de chaque type ?

1. Physique : ....

2. Émotionnel : ....

3. Intellectuel : ....

c. Quelles sont les répercussions sur la vie de tous les jours que ces symptômes peuvent avoir ? Citez-en deux.

....

d. Pourquoi le stress n'est pas à prendre à la légère ?

....

Activité 5

Lisez les témoignages. Soulignez les symptômes de stress et indiquez à quel type de symptôme ils appartiennent : physique (P), émotionnel (E), intellectuel (I). Plusieurs réponses sont parfois possibles.

a. Personne 1 : ....

Ma profession d'infirmière, je l'ai choisie... Mais aujourd'hui, j'ai l'impression d'être vidée. Je dois aller d'un lit à l'autre. J'ai l'impression de n'avoir jamais le temps de faire correctement mon travail. Je supporte de moins en moins les plaintes, les angoisses des patients. Et ça me rend triste.

b. Personne 2 : ....

Le matin, quand je pense à ce qui m'attend, ça m'affole déjà. J'ai une grosse boule dans le ventre. Au travail, je suis constamment interrompu par des gens qui me demandent des renseignements. Je n'ai pas le temps de faire tout ce que je devrais. C'est très stressant et épuisant. Hier, je me suis évanoui.

c. Personne 3 : ....

Mon travail est très stressant car je dois constamment me déplacer en voiture pour voir des clients. Il y a le stress du travail et celui de la route. Je dois être toujours attentive et à 100 % de mes capacités. Pour tenir le coup, je bois beaucoup de café. Il y a des jours où je ne dors plus la nuit. Et puis, être tout le temps sur la route n'est pas bon pour mon dos.

Activité 6

Barrez ce qu'il ne faut pas dire si on veut rassurer quelqu'un.

a. Calme-toi ce n'est qu'une blessure superficielle.

b. Si tu n'arrêtes pas de pleurer, je te laisse tout seul.

c. Rassure-toi, tu es entre les mains des meilleurs spécialistes.

d. À ta place, je n'aurais pas confiance en ce médecin.

Activité 7

Écoutez les phrases et indiquez chez quel médecin (spécialiste) il est possible de les entendre.

1. .... 2. ....
3. .... 4. ....
5. .... 6. ....

Activité 8

Réécoutez et relevez, pour chaque patient, le problème et/ou la maladie.

1. .... 2. ....
3. .... 4. ....
5. .... 6. ....

Activité 9

Retrouvez les parties du corps dont il est question dans les expressions familières suivantes.

yeux – dent – tête – cœur – nez – poumon – jambes – estomac

a. J'ai une rage de ....

b. J'ai le .... qui coule.

c. J'ai les .... lourdes.

d. J'ai les .... qui pleurent.

e. J'ai des crampes d'.................................... .

f. J'ai le .... qui bat la chamade (qui bat vite).

g J'ai la .... qui tourne.

h. J'ai le .... qui siffle.

Notez le numéro de l'expression ci-dessus que vous pouvez associer à :

1. avoir un vertige : .... 2. avoir un rhume : .... 3. avoir mal au cœur : ....

Activité 10

Reliez le nom du médecin à sa spécialité.

a. Le dentiste est le spécialiste qui s'occupe

b. Le dermatologue est le spécialiste qui s'occupe

c. L'ophtalmologue est le spécialiste qui s'occupe

d. Le kinésithérapeute est le spécialiste qui s'occupe

e. Le pharmacien est le spécialiste qui s'occupe

f. Le rhumatologue est le spécialiste qui s'occupe

1. du squelette (et des articulations).

2. des médicaments.

3. des dents.

4. de la peau.

5. des muscles (et des articulations).

6. des yeux.

Activité 11

Barrez la mauvaise proposition.

a. C'est l'espace (sur lequel / dans lequel) nous recevons les enfants hospitalisés et (à côté duquel / grâce auquel) nous avons crée une salle de jeux.

Le travail, c'est la santé ? 2 Rendez-vous

b. Trop de stress, c'est la raison (qu' / pour laquelle) il a donnée lors de sa démission.

c. L'homéopathie est une médecine (pour qui / qui) gagne de plus en plus d'adeptes ces dernières années. C'est une façon de se soigner (que / dont) Christine est fan et (pour qui / pour laquelle) elle milite.

d. L'acuponcture est la branche de la médecine chinoise (qui / que) l'on connaît le plus et (à laquelle / en laquelle) les gens ont le plus confiance. C'est une technique (grâce à laquelle / pour laquelle) de nombreuses personnes ont arrêté de fumer.

Activité 12

Complétez avec des pronoms relatifs (simples ou composés).

a. C'est un médecin .... j'ai entièrement confiance.

b. L'IRM, est une technique .... il est possible d'observer les tissus du corps et non le squelette.

c. Il est parti en Asie .... il a pu rencontrer les plus grands spécialistes de cette discipline médicale. C'est une technique .... il a une véritable admiration.

d. Voici le kinésithérapeute .... j'ai pu à nouveau marcher sans béquilles. C'est quelqu'un .... j'admire énormément.

e. Ici, se trouve le tube .... nous allons introduire la caméra miniature afin de pénétrer dans le corps du patient. C'est une technique .... les interventions chirurgicales ont baissé de moitié. C'est une procédure .... je suis adepte.

f. Le toit de l'hôpital est l'endroit .... certains cas d'urgence arrivent en hélicoptère.

g. Je vous présente ma collègue .... je travaille depuis des années .... j'ai écrit un livre sur la thérapie génique.

Activité 13

Complétez les phrases avec les termes de reprise proposés.

celui-ci – une habitude que – celles-ci – le lui dise – dans lequel – en – le sien – celui-là – quelque chose dont – le mien

a. Nous venons de recevoir vos analyses de sang. .... sont meilleures que les dernières que nous avions faites.

b. Je ne comprends pas pourquoi je n'arrive pas à maîtriser mon poids. Avec ma femme, nous mangeons la même chose, nous faisons autant de sport et .... est stable mais pas ....

c. Pour votre accouchement, vous avez le choix entre ces deux hôpitaux. .... qui se trouve à 5 minutes de chez vous ou .... qui est un peu plus loin mais .... votre gynécologue exerce.

d. Pour éviter les problèmes cardiovasculaires, il faut faire du sport. Personnellement, j'............................. fais au moins trois heures par semaine. C'est .... j'ai prise depuis toute petite. C'est .... je ne pourrais pas me passer maintenant.

e. Est-ce que tu veux annoncer ta grossesse à ton patron ou tu préfères que le comité d'entreprise .... ?

 **Bilan**

🎧 **1.** Écoutez puis complétez la fiche médicale.

- **Symptômes :** ....
- **Premier diagnostic :** ....
- **Deuxième diagnostic :** ....
- **Traitement à suivre :** ....

🎧 **2.** Écoutez à nouveau et répondez aux questions.

a. Pourquoi le patient vient-il consulter le médecin ?

....

b. Quelles sont les deux phrases utilisées pour demander des précisions ?

....

c. Retrouvez les mots utilisés pour parler :

1. des pieds et des mains : ....

2. d'un remède / d'une médication : ....

3. de la douleur : ....

4. d'un dysfonctionnement : ....

5. d'un problème préexistant dans la famille : ....

6. des veines gonflées et bouchées : ....

7. d'une une maladie rare : ....

8. d'un collègue : ....

✏️ **3.** Vous êtes un ami de M. Weber, vous écrivez au médecin pour lui demander des précisions.

Les étapes à suivre ⇨ *Je n'ai pas très bien compris ce qu'il fallait qu'il fasse, pourriez-vous me donner des précisions sur les étapes à suivre, s'il vous plaît ?*

a. Les tests à faire : ....

b. Ce qu'est une maladie orpheline : ....

c. La prise en charge du traitement par la sécurité sociale : ....

d. La vie avec une maladie orpheline : ....

e. L'espoir de traitement et de guérison : ....

✏️ **4.** Vous faites des hypothèses par rapport à la maladie de votre ami sur un forum médical. Utilisez les éléments proposés.

arrêter de travailler / continuer à faire ses activités quotidiennes / déménager dans un pays où il fait chaud / traitements existants / aide financière / se faire suivre psychologiquement

Supposons que le diagnostic soit correct, que se passera-t-il après ?

a. Imaginons qu' ....

b. Supposons qu'il ....

c. Si effectivement ....

Au Brésil

d. En admettant que ....

e. Dans le cas où ....

f. S'il avait une maladie orpheline ....

5. Le médecin vous a répondu. Complétez son texte avec les pronoms simples ou composés proposés.

dont – lui – l' – les – ce qui – qui – avec lesquelles – pour laquelle – pour lesquelles

> Bonjour,
>
> Je comprends que vous soyez inquiet pour votre ami, mais pour .... , je vous demanderais de ne pas vous faire de souci pour ne pas .... affoler.
>
> Je vais vous expliquer ce que sont les maladies orphelines. On .... appelle aussi « maladies rares » ; ce sont en fait des pathologies .... il n'existe pas de traitement efficace car, comme son nom l'indique, peu de gens en sont atteints. La maladie n'étant pas très répandue, l'investissement engagé dans le but de trouver un remède n'est pas rentable pour l'industrie pharmaceutique, c'est la raison .... il existe peu ou pas de traitement.
>
> Cependant, avant toutes choses, nous devons nous assurer de la pathologie .... souffre votre ami. Il se pourrait qu'il ne s'agisse pas d'une maladie rare, ... serait une excellente nouvelle. Si toutefois le diagnostic s'avérait correct, vous pourriez vous tourner vers des associations .... nous travaillons et .... apportent un véritable soutien au patient et à leur famille.
>
> Mais, je vous le répète : attendons les résultats, nous prendrons des décisions après.
>
> Cordialement.

6. Vous avez reçu de nombreux messages de personnes vous rassurant et répondant à vos interrogations. Quels sont ceux qui sont des conseils (C), des encouragements (E), des témoignages (T) ? Parfois, plusieurs réponses sont possibles.

a. Avant de vous faire du souci, attendez les résultats. Je suis sûre qu'ils vous surprendront. Allez courage !

....

b. Ne paniquez pas, vous devez rester calme pour aider votre ami. ....

c. Ne vous inquiétez pas, vivre avec une maladie orpheline est tout à fait possible : mon fils en a aussi une et, en dehors de ses nombreux rendez-vous médicaux, il vit comme un petit garçon normal. ....

d. Ne vous démoralisez pas ! ....

e. Ce ne sont que les premiers temps qui sont difficiles, après tout va mieux. Je sais de quoi je parle, je suis dans le même cas ! ....

f. Il faut garder le moral, c'est la meilleure des thérapies. ....

7. Maintenant que vous êtes tranquillisé, vous pouvez écrire un message à votre ami pour le rassurer à votre tour.

....

....

....

....

Activité 1

Écoutez puis répondez aux questions.

a. Quelle est la nouvelle que Sarah annonce à Mélina ? ....

b. Pourquoi cette mesure a-t-elle été prise ? ....

c. Selon la direction, quels seront les avantages de cette fusion ? ....

d. Pourquoi Mélina est-elle mécontente à l'annonce de Sarah ? ....

e. Pourquoi un mois n'est pas suffisant pour faire le déménagement ? ....

f. Qu'ont réussi à faire les membres du syndicat ? ....

g. Quelle est la dernière mauvaise nouvelle que Sarah annonce à Mélina ? ....

Activité 2

Réécoutez et relevez les phrases employées pour exprimer le mécontentement.

....

Activité 3

Lisez les témoignages puis répondez aux questions.

> **Abdel : « Les magasins sont ouverts 6 jours sur 7, avec un éventail d'horaires largement suffisant pour que tout le monde y trouve un moment pour faire ses courses. Certains commerces sont ouverts non-stop de 8 h à 20 h, avec des nocturnes une fois par semaine jusqu'à 21 h. Il suffit tout simplement de s'organiser ! »**

> Alexandre : « Je travaille le dimanche matin, je n'ai pas le choix. Au début, comme je n'étais pas marié et que je n'avais pas d'enfant ça allait, mais maintenant je voudrais bien avoir mes week-ends pour profiter de mon fils. »

> **Dominique : « Je n'y vois qu'une étape supplémentaire dans la course effrénée au profit qui régit nos sociétés. »**

> Lauriane : « Pour moi, c'est une obligation de travailler le dimanche. Je reçois 52 euros en plus de mon salaire normal mais cela ne suffit pas pour payer le déplacement jusqu'à mon travail (30 km) et la baby-sitter pour garder les enfants. Alors, le travail du dimanche, ne m'en parlez pas ! »

> **Mélodie : « Je suis absolument opposée à l'ouverture des magasins le dimanche, le principe du repos dominical est et doit être un acquis social pour tous. »**

a. Quelle était la question posée ? ....

b. Quelles sont les personnes qui ont déjà travaillé le dimanche (pour lesquelles nous le savons avec certitude) ?

....

Activité 4

Relisez le texte et dites quelle personne pense :

a. « Ne perdons pas ce que nous avons obtenu. » ....

b. « J'ai changé d'avis sur la question. » ....

c. « Tout est une question d'organisation. » ....

d. « C'est une mesure pour faire gagner de l'argent aux entreprises. » ....

e. « Ce n'est pas rentable pour moi. » ....

Et voilà le travail !

Activité 5

Lisez ces phrases qui terminent les témoignages. Chacune est dite par une des personnes qui ont témoigné (activité 3). Écrivez le prénom de la personne correspondant à chaque phrase.

a. « Je ne veux plus en entendre parler. Gagner plus en travaillant le dimanche, c'est faux ! » ....

b. « Je suis contre, nous n'en avons pas besoin, les magasins sont suffisamment ouverts. » ....

c. « Maintenant, je déteste travailler le dimanche. » ....

d. « L'idée de perdre ce droit m'insupporte au plus haut point. » ....

e. « Je trouve inadmissible qu'on demande aux gens de travailler le dimanche ! » ....

Activité 6

Notez les expressions suivantes selon leur degré de désapprobation.

1 : indifférent 2 : moyennement contre 3 : désapprobation totale

Travailler le dimanche, êtes-vous plutôt pour ou contre ?

a. Vous savez, moi, du moment qu'on me paie bien. Ça m'est franchement égal. ....

b. C'est totalement inadmissible. ....

c. Moi, je suis plutôt contre mais vous savez, quand on a besoin d'argent... Eh bien, on accepte. ....

d. C'est un sacrilège. ....

e. Tout ça pour quoi ? Que du profit ! Alors, ça sera sans moi ! ....

f. Dimanche ou samedi, pour moi, c'est la même chose. ....

g. Sur le principe, je n'y suis pas favorable, mais quand je regarde ma paie... j'y suis un peu plus favorable. ....

Activité 7

Barrez les phrases qui n'expriment pas l'ignorance.

a. Je n'en ai jamais entendu parler.

b. Je n'en n'avais pas la moindre idée.

c. Ça me surprend.

d. Je n'étais pas au courant.

e. De quoi vous parlez ?

f. Tu es sûr(e) de ce que tu racontes ?

g. C'est un fait que j'ignorais.

h. Ça m'étonne.

i. Aucune idée.

j. Ça n'a rien à voir.

Activité 8

Associez les questions et notez le numéro de la réponse afin de reconstituer des dialogues.

a. Tu savais qu'en Allemagne, pendant la crise, les employés étaient moins payés pour éviter les licenciements ?
....

b. Tu savais qu'on allait bientôt bénéficier d'une garderie dans l'entreprise ? ....

c. J'ai entendu dire que l'Institut français proposait des massages à ses employés. C'est vrai ? ....

1. Ah bon ? C'est génial. C'est une nouvelle qui fera plaisir à tous les parents d'enfants en bas âge.

2. Ah bon ? C'est vrai ? Je n'en avais pas entendu parler. Ils trouvent toujours des solutions là-bas !

3. Aucune idée. Mais si c'est vrai, quelle chance pour les employés d'avoir ce service bien-être !

(50) Activité 9

Écoutez puis répondez aux questions.

a. Quel est le but du rapport de Simon Blasic ?
revendiquer un droit / avertir d'un problème futur / informer d'un problème / mettre en place une enquête

b. De quelle façon les propositions et les recommandations ont-elles été recueillies ? ....
....

c. Quels sont les secteurs d'activité les plus touchés par le mal-être ? ....
....

d. En quoi les grandes entreprises se démarquent ? ....
....

e. Dans quels pays ce phénomène est-il observé ? ....
....

f. Quelles sont les (trois) raisons de ce mal-être ? ....
....

g. Selon le rapport, quelle a été l'une des conséquences des 35 heures ? ....
....

(50) Activité 10

Réécoutez et retrouvez les mots équivalents aux définitions.

a. Les multinationales : ....

b. Les employés : ....

c. Un domaine (d'activité) : ....

d. Une augmentation de la compétition : ....

e. Des changements importants : ....

f. Un exploit : ....

g. Le rendement / L'efficacité : ....

h. La solitude : ....

i. La gestion des équipes : ....

j. Les responsables / Les directeurs : ....

k. Un employé / Un subalterne : ....

l. Un but, une cible : ....

Activité 11

Conjuguez les verbes au subjonctif passé.

a. Il faut que nous .... (revoir) ce projet pour demain soir. Nous avons la réunion avec les clients le lendemain matin.

b. Je suis soulagé que vous .... (finir) à temps sinon la signature du marché aurait été compromise.

c. Ça m'agace qu'ils ne nous .... (ne pas demander) notre avis avant de lancer l'appel d'offre.

d. Il est insupportable que les femmes .... (ne pas obtenir) le même salaire que leurs collègues masculins.

e. Dommage qu'elles .... (ne pas arriver) au terme des négociations avec les investisseurs indiens.

f. C'est étrange qu'il .... (ne rien dire) au sujet de sa dernière vente.

g. Il est inadmissible que nous .... (partir) en déplacement sans que nos frais professionnels soient remboursés.

h. Je suis heureuse et fière que tu .... (réussir) ton entretien d'embauche.

Et voilà le travail !

Activité 12

Écrivez des phrases en choisissant un élément de chacune des catégories.

• Les sentiments : Je suis heureuse – Je crains qu'il – Ça nous ennuie que – Elle est indignée par le fait qu'il – Il est étrange que – Je suis outré que – Il est stupéfiant de constater que – C'est dommage que

• Les causes : ne pas avoir l'autorisation de partir en formation professionnelle – donner raison à ces clients tellement hautains – entrer dans cette entreprise, c'est une belle opportunité pour elle – ne pas se faire entendre lors de la réunion de service – ne rien faire pour défendre les droits des employés – ne pas obtenir l'accord de notre chef pour continuer notre projet – devoir associer cette entreprise à notre programmation culturelle – partir sans payer leur facture

a. ....

b. ....

c. ....

d. ....

e. ....

f. ....

g. ....

h. ....

Activité 13

Choisissez la bonne réponse.

a. C'est la raison (pour quoi / pour laquelle / pour qui) nous ne pouvons plus travailler ensemble.

b. Mon ancien directeur ne me laissait pas autant de liberté et d'initiative alors que (plusieurs / celui-ci / le mien) me laisse carte blanche.

c. À mes vacances, bien sûr que j'(y / en / les) pense souvent, je (y / en / les) attends même avec impatience.

d. Pour (personne / rien / quoi que ce soit) au monde je ne changerais d'entreprise.

e. (Tous / Certains / Quelques) de mes collègues disent que nous travaillons trop. Ce sont (certains / lesquels / ceux-là) mêmes qui passent des week-ends entiers sur leurs dossiers. C'est illogique !

f. Cette année, notre département n'a pas obtenu le même budget que (les leurs / le vôtre / ceci).

g. Il faut finir la présentation car nous (elle / le / la) présenterons demain en réunion.

h. Alix est une personne (qui / dont / que) j'admire et (avec laquelle / avec elle / à laquelle) j'ai beaucoup de plaisir à travailler.

Activité 14

Complétez avec les mots proposés.

certains – auquel – chaque – chacun – où – que – en – tous – le sien

Manageur dans un magasin d'équipements sportifs

Alors, moi, je travaille dans un magasin .... il y a 8 vendeurs .... je dirige depuis maintenant

deux ans. .... vendeur a la responsabilité d'un rayon. .... ont deux mais c'est

rare. Cependant, ils sont .... capables de renseigner un client concernant un autre rayon. ....

organise et met en valeur .... tout en respectant une certaine homogénéité dans le magasin.

C'est un principe .... j'attache beaucoup d'importance.

🎧(51) Activité 1

Écoutez cette information puis répondez aux questions.

a. Sur quelle population l'enquête a-t-elle été réalisée ?

....

b. Les discriminations sont-elles identiques dans le secteur privé et dans le secteur public ?

....

c. Quels sont les deux principaux motifs de discrimination ?

....

d. Qui sont les auteurs des discriminations ?

....

e. Quelle conséquence cela a-t-il ?

....

f. Quels sont les recours possibles ?

....

g. Quelles sont les solutions possibles ?

....

h. Qui reste malgré tout souvent discriminé ?

....

i. Quels sont les trois axes de lutte que la HALDE veut appliquer ?

....

🎧(51) Activité 2

Réécoutez et indiquez à quoi correspondent les chiffres suivants.

36 % : ....
32 % : ....
31 % : ....
26 % : ....

Activité 3

Barrez les phrases qui ne servent pas à exprimer de la gratitude.

a. Qu'est-ce que je peux faire pour vous ?

b. Je tenais à vous féliciter pour votre très bon travail.

c. Bravo, grâce à vous, nous avons gagné un nouveau marché.

d. C'était une réunion utile.

e. Tous mes compliments, votre dossier était très complet.

f. Merci d'avoir pris en compte mon avis pour ce recrutement.

g. Je vous suis très reconnaissant de m'avoir laissé une chance de vous démontrer mes capacités de dirigeant.

h. C'est pour quand la remise de la médaille d'honneur du travail ?

Que du bonheur !

Activité 4

Classez les phrases suivantes dans le tableau selon le contexte dans lequel elles ont été prononcées en notant leur numéro.

a. Je ne sais pas comment vous remercier pour cette augmentation. – **b.** Je te dois un grand merci pour m'avoir remplacé hier pour la présentation du produit au client. – **c.** Bravo, ta présentation a été impeccable ! – **d.** Félicitations, vos tableaux explicatifs étaient très clairs. Grâce à vous, tout le monde a compris ce que je voulais. – **e.** Je vous suis très reconnaissante de m'avoir donné un bureau fermé. – **f.** Bravo, vous avez négocié ce marché avec habileté. – **g.** Merci mille fois de m'avoir aidé à boucler le dossier, sans ton aide je n'y serais jamais arrivé.

Entre deux collègues	D'un chef à son employé	D'un employé à un chef
....	....	....

Activité 5

Comment le dire ? Écrivez une phrase pour exprimer de la gratitude dans les situations suivantes.

a. À votre collègue pour avoir pris vos appels durant votre absence.

....

b. À votre chef pour vous offrir des jours de congé durant l'hospitalisation de votre père.

....

c. À votre collègue pour avoir pris de son temps pour vous expliquer le fonctionnement d'un logiciel.

....

d. À votre chef pour vous laisser partir plus tôt le soir afin que vous puissiez passer votre permis moto.

....

e. D'un chef à son employé pour son excellent travail réalisé dans des conditions difficiles.

....

🎧 (52) Activité 6

Écoutez et répondez aux questions.

a. Qu'entraîne le CV anonyme au moment de l'embauche ?

....

b. Qui sont les auteurs de cette enquête ?

....

c. Quelle est l'expression utilisée pour dire que le CV anonyme va disparaître ?

....

d. Dans quel type d'entreprise le CV anonyme devait être utilisé ?

....

e. Pourquoi ce procédé n'a jamais été utilisé ?

....

f. Pour quel type de candidat le CV anonyme devait faciliter les entretiens d'embauche ?

....

g. Pourquoi les employeurs sont contre ce système ?

....

㊾ Activité 7

Écoutez et complétez avec les informations que vous entendez.

Selon .... chefs d'entreprise, ... secondes leur suffiraient pour savoir s'ils vont embaucher le candidat.

Principales erreurs de communication non-verbales lors d'un entretien d'embauche

67 % ....

38 % ....

21 % Jouer avec ses cheveux ou se toucher le visage

21 % Croiser les bras sur la poitrine

26 % Avoir ....

Préparation avant l'entretien

– ....

– Les vêtements

Les couleurs criardes sont à éviter.

Pour 65 %, ...

Les 5 questions les plus posées

5. ....

4. ....

3. Que savez-vous de notre entreprise ?

2. Pourquoi avez-vous perdu votre dernier emploi ?

1. ....

Top 5 des erreurs commises lors d'un entretien

5. Expliquer trop longuement les raisons de votre licenciement.

4. ....

3. Ne pas montrer assez d'intérêt.

2. ....

1. Ne pas poser de questions (ou les bonnes questions) sur le poste pour lequel vous postulez.

Que du bonheur !

Activité 8

Soulignez les verbes au passé simple et écrivez leur infinitif.

L'épopée du chercheur d'emploi.
Axel était un jeune étudiant brillant. Pour assurer son avenir, il fit ses études dans les meilleures universités. Il passa de nombreux trimestres à l'étranger. Il étudia sans relâche jusqu'à ce qu'il obtienne les meilleurs diplômes de sa discipline. Il finit ses études, plein d'espoir dans l'avenir en pensant que trouver un emploi ne serait qu'une formalité. Il écrivit à quelques entreprises, il passa de nombreux entretiens mais sans succès. Les recruteurs n'eurent pas confiance en lui. Il s'aperçut que quelque chose l'empêchait de décrocher un emploi. Mais quoi ? Il fit appel à ses amis, il leur demanda quel était le problème. Ses amis durent lui faire ouvrir les yeux. Il avait un handicap. Il ne pensait pas que sa taille pouvait être un frein à sa carrière. Pendant toutes ses années, il crut qu'un bon CV suffisait mais la réalité était autre.

....

....

Activité 9

Conjuguez les verbes aux temps et modes indiqués à la fin de la phrase. Attention, les temps indiqués ne sont pas donnés dans l'ordre !

a. Tu .... (vouloir) être avocat ? .... (Passer) ton bac d'abord, ensuite

on en .... (discuter) plus tard. (présent / futur / impératif)

b. Il .... (falloir) bien que tu .... (apprendre) des langues étrangères

si tu .... (vouloir) avoir une chance de trouver un bon travail. (présent / futur / subjonctif)

c. Le monde professionnel .... (être) impitoyable. Personne ne te .... (faire)
de cadeau. (présent / futur)

d. La semaine prochaine, quand vous .... (comprendre) toutes les modalités de fonctionnement,

vous .... (pouvoir) intégrer les réunions de service au tableau. (futur / futur antérieur)

e. Il .... (ne pas être) certain que nous .... (finir) ce soir de faire ce que

notre supérieur nous .... (demander). (passé / présent / subjonctif passé)

f. Elle .... (trouver) curieux que Mélanie .... (ne pas être) invitée aux assemblées
générales. (présent / subjonctif)

Activité 10

Conjuguez les verbes aux temps et aux modes adéquats.

a. Il y a 50 ans, trouver un emploi .... (ne pas être) aussi difficile qu'aujourd'hui. Les employeurs

.... (ne pas être) pas aussi exigeants, il .... (ne pas y avoir) autant de concurrence.

b. Si je .... (être) meilleure en mathématiques quand je .... (être) jeune,

aujourd'hui je .... (être) laborantine.

c. .... (Faire) attention, tu .... (renverser) ton café sur mon clavier et mes dossiers !

d. Après que nous .... (faire) la réunion, tout le monde .... (se remettre)
à son travail avec beaucoup d'enthousiasme.

e. Je remplace ma collègue en attendant qu'elle .... (revenir) de son congé de maternité.

f. Je trouve que notre chef .... (être) trop dur avec nous.

g. Jacques a refusé que nous .... (faire) un pot de départ pour la retraite de Thérèse.

h. Si nous concluons ce marché, nous .... (avoir) un carnet de commandes rempli pendant 3 ans.

(54) 1. Écoutez puis répondez aux questions.

a. En travaillant en couple, quels sont les trois domaines qu'il faut réussir à concilier ?

....

b. Depuis combien de temps Jean et Marion sont-ils mariés ?

....

c. Depuis combien de temps Jean et Marion travaillent-ils ensemble ?

....

d. Juridiquement, comment sont considérés Jean et Marion ?

....

e. Comment se définissent-ils ?

....

f. Pourquoi Jean et Marion ont-ils commencé à travailler ensemble ?

....

g. Quelle était la profession de Marion avant de travailler avec son mari ?

....

h. Quelles sont les motivations des couples travaillant ensemble ?

....

(54) 2. Réécoutez et retrouvez les mots ou expressions équivalents.

a. Devenir patron : ....

b. S'engager dans le même domaine : ....

c. Un partenaire professionnel : ....

d. Concevoir une société : ....

e. Par hasard : ....

f. Une entreprise : ....

g. Un voyage d'affaires : ....

3. Suite à cette émission, les auditeurs ont laissé de nombreux messages, lisez-les et indiquez si les avis sont positifs (+), négatifs (–) ou neutre (N).

Fifi46 : ....

Moi, c'est mon cas. Nous avons un restaurant avec ma femme et ça marche très bien. Je vous conseille l'expérience mais uniquement si votre couple est solide car ce n'est pas rose tous les jours.

Nina : ....

M'en parlez pas, j'ai fait l'expérience une fois et on ne m'y reprendra plus.

Élisa : ....

Je ne savais pas que ça existait, je ne m'étais jamais posé la question. Pourquoi pas...

En Turquie

> **Kris :** ....
>
> C'est impensable, ce serait une véritable aberration pour notre couple. On ne peut pas se supporter 24 h/24, il nous faut du temps l'un sans l'autre pendant la journée.

> **Dom :** ....
>
> Au début, j'étais sceptique et puis finalement mes craintes ont disparu. Ça n'a pas été facile, il nous a fallu trouver nos repères, établir des règles mais maintenant je suis contente d'avoir tenté l'expérience.

> **Ricardo :** ....
>
> J'ignorais que cela pouvait fonctionner.

4. Vous cliquez sur la rubrique « témoignages » et vous trouvez celui-ci. Lisez-le puis soulignez les verbes au passé simple. Enfin, donnez leur infinitif.

Cyril et Gaëlle se rencontrèrent lors d'un dîner chez des amis. Ils sympathisèrent immédiatement : le courant passa entre eux. Très vite, ils tombèrent amoureux et s'installèrent ensemble. Cyril était cuisinier, il avait le projet d'ouvrir un restaurant. Gaëlle était serveuse. Ils firent vite le rapprochement et décidèrent de tenter l'aventure ensemble. Lui en cuisine, elle en salle. Ils prirent rapidement l'habitude de travailler ensemble. Ils établirent « des règles de bon fonctionnement ». Gaëlle : « Il me prévint tout de suite en me disant : "Dans la cuisine c'est moi qui dirige. Pas de commentaires, pas de conseils." » Cyril : « Nous décidâmes de nous vouvoyer au travail pour bien séparer le côté professionnel et le côté privé ». Ce système fonctionna pendant deux ans jusqu'au jour où Gaëlle craqua. Elle ne supporta plus le fait d'avoir toute cette distance entre eux durant la journée. Gaëlle : « Je m'aperçus que la situation était ridicule. Du coup, je changeai de comportement du jour au lendemain. Tout m'énervait. Je devins désagréable avec tout le monde, même avec les clients. Un jour, un client habituel me fit prendre conscience de la situation en me disant : « Il n'est pas trop tard pour retrouver ton joli sourire, il faut agir ». Cyril : « Et c'est que nous fîmes, nous discutâmes beaucoup, nous conclûmes que l'aventure allait s'arrêter là pour Gaëlle. » Cyril garda le restaurant, il trouva un serveur pour remplacer Gaëlle qui, quant à elle, continua son travail de serveuse mais dans un autre restaurant. S'ils purent surmonter cette épreuve, c'est parce qu'ils n'attendirent pas qu'elle devienne impossible à gérer. Cyril : « C'est parce que nous agîmes sereinement que nous pûmes nous sortir de ce mauvais pas. »

....
....
....

5. Suite à ce témoignage, des internautes ont laissé quelques commentaires. Conjuguez les verbes au subjonctif, au subjonctif passé, à l'indicatif ou à l'infinitif.

a. C'est dommage que leur aventure .... (ne pas fonctionner).

b. Je suis heureuse de .... (voir) que, grâce à la communication, on .... (pouvoir) résoudre des situations tendues.

c. Nous vous sommes reconnaissants de nous .... (avoir raconté) votre histoire.

Votre témoignage nous .... (être) très utile.

d. Nous sommes heureux de constater que leur couple .... (pouvoir) survivre à cette mésaventure.

e. Il faut que nous .... (faire attention) à ce genre de situation. Bravo d'avoir surmonté cette histoire !

Phonétique

Semaine 1 – Ponctuation et majuscules

 Activité 1

Écoutez cette présentation d'un site humoristique québécois et remettez la ponctuation et les majuscules.

connaissez-vous le site les têtes à claque c'est un site québécois très connu au québec mais aussi en europe ce site a été créé en 2006 par un ex-publicitaire du nom de michel beaudet les internautes peuvent voir sur ce site des clips vidéo d'animation qui mettent en scène des situations drôles et des personnages humoristiques depuis 2007 certains clips sont aussi diffusés sur la télévision canadienne enfin depuis 2008 la chaîne française canal + propose aussi des clips vidéo des têtes à claque

Semaine 2 – Rythme, groupes rythmiques et accentuation en français

 Activité 1

Écoutez le dialogue, délimitez les groupes rythmiques (/) et trouvez la place de l'accent tonique (xx). Ensuite, répétez le dialogue.

– Allô, / Jade ? / C'est Fanny ! / Ça va / depuis la dernière fois qu'on s'est parlé sur Skype ? /
– Ça va super bien, je découvre ma nouvelle vie ici, aux États-Unis.
– Alors, comment s'est passé ton déménagement ?
– Très bien. Mes nouveaux voisins m'ont aidée à tout porter. Et je n'ai pas acheté beaucoup de choses parce que l'appartement était déjà meublé. Il est très agréable et très bien situé.
– Super ! Et la fac, ça te plaît ?
– Ben, je n'ai pas encore commencé les cours. Tu sais, ça fait seulement deux semaines que je suis arrivée.
– Et tu as des projets ?
– D'abord, je voudrais rencontrer des Américains et sortir avec eux, aller au cinéma, au café ou en boîte. Je n'ai jamais vu un film en V.O. non sous-titré et j'ai hâte d'essayer. Après, j'espère que je pourrai être invitée dans une famille américaine. Je voudrais bien voir comment ils vivent, ce qu'ils mangent, de quoi ils parlent en famille...
– Ben, c'est super, tu as de la chance. Ici, à Paris, tout va bien. Bon, on s'appelle dimanche prochain ?
– Ok, ça marche ! Gros bisous et à dimanche !
– Bisous. À plus !

Semaine 3 – Pause poétique, pause phonétique...

 Activité 1

Écoutez et répétez ce poème.

Les beaux yeux
De beaux yeux bleus,
De beaux yeux noirs,
Deux yeux tout bleus,
Deux yeux tout noirs,
Je les ai vus briller ce soir,
Ah ! les beaux bleus,
Ah ! les beaux noirs !

Faut-il choisir les yeux bleus ?
Faut-il choisir les yeux noirs ?
Les yeux bleus me feront heureux,
Les yeux noirs me rendront l'espoir,
Les beaux yeux bleus !
Les beaux yeux noirs !
J'en veux un bleu,
J'en veux un noir !

Luc Decaunes

Semaine 4 – *Opposition entre la voyelle [y] et la voyelle [u]*

(58) Activité 1

Écoutez ces virelangues et complétez-les avec les graphies « u » pour le son [y] et « ou » pour le son [y]. Répétez ensuite les phrases.

La libell....le h....l....le et p....ll....le devant la petite p....le r....sse.

As-t.... v.... le t....t.... de t....lle de Lili d'Honol....l.... ?

La r....e s....r la r....e r....le ; la r....e s....s la r....e reste. (Pierre Abbat)

Un c....ple de tat....s disait à ....ne tort....e s....rde : « Entends-t.... ce d....x m....rm....re ? » Mais la tort....e ne répondit pas puisqu'elle était s....rde.

Qui est cet h....rl....berl.... qui t....sse tant qu'on l'entend de Strasb....rg à M....lh....se ?

Pourquoi mets-t.... ce p....ll t....t tr....é et t....t déc....s...., c'est ridic....le ! Avec tes chauss....res r....ges t....tes fich....es, t.... as l'all....re d'un farfel.... !

Semaine 5 – *Les voyelles nasales [ɛ̃] – [ã] – [ɔ̃]*

(59) Activité 1

Écoutez les phrases suivantes et complétez-les avec les lettres manquantes. Écrivez aussi le symbole de l'alphabet phonétique international ([...]) correspondant au son que vous entendez pour chaque graphie retrouvée.

1. P....d....t mes vac....ces ..... Prov....ce, j'ai r....c....tré ..... garç....
    [ ] [ ]   [ ]   [ ]   [ ]   [ ][ ] [ ]   [ ]

v....dé..... charm....t, vraim....t très s....pathique qui s'appelait V....c....t.
[ ] [ ]   [ ]   [ ]   [ ]   [ ][ ]

2. Dim....che, Juli...., ... gr....d magici.... parisi.... a m....tré à s.... public ....
      [ ]   [ ] [ ] [ ]   [ ]   [ ] [ ]   [ ]   [ ]

....croyable tour de dispariti.... de ....ze lap....s bl....cs ..... mo.... de tr....te
[ ]   [ ] [ ]   [ ] [ ] [ ] [ ] [ ]

sec....des !!! Les g....s étaient tous très ....pressionnés !
  [ ]   [ ]   [ ]

3. C....q c....t c....qu....te-c....q pige....s m....gent du p.... bl....c d....s ....
    [ ] [ ] [ ] [ ] [ ]   [ ]   [ ]   [ ] [ ] [ ] [ ]

jard.... du c....tre-ville de L....dres.
  [ ]   [ ]   [ ]

4. Au pr....t....ps, la c....pagne et les jard....s s....t pl....s de fleurs aux doux
     [ ][ ]   [ ]   [ ] [ ] [ ]

parf....s. Ça s....t b.... le jasm.... surtout qu....d ..... se promène lo.... de la
[ ]   [ ] [ ]   [ ]   [ ] [ ]   [ ]

polluti.... et des ....bouteillages urb....s.
  [ ]   [ ]   [ ]

Semaine 6 – Rythme et enchaînements

 Activité 1

Écoutez ce texte et marquez les enchaînements vocaliques et consonantiques (xxx xxx).
Puis répétez ce texte.

« Les Restos du cœur » : vous connaissez ?

Les Restos du cœur, c'est une association créée en 1985 par un comédien et humoriste : Coluche. L'association a pour objectif « d'aider et d'apporter une assistance bénévole aux personnes démunies, notamment dans le domaine alimentaire par l'accès à des repas gratuits et par la participation à leur insertion sociale et économique, ainsi qu'à toute l'action contre la pauvreté sous toutes ses formes ».

Les Restos du cœur sont présents partout en France et on trouve même des associations aussi actives et qui font des actions similaires en Allemagne et en Belgique.

Depuis sa création, les Restos du cœur reçoivent le soutien de plusieurs artistes de la chanson française qui organisent un grand concert annuel et vendent un CD dont les profits vont directement à l'association. Cette notoriété a permis à l'association d'être connue et reconnue dans la société et a attiré l'attention de la classe politique. Des lois ont été établies et le nombre de bénévoles est très élevé grâce à une couverture médiatique importante.

Semaine 7 – Le rythme dans le discours interrompu

 Activité 1

Écoutez cet extrait de *Finissez vos phrases* de Jean Tardieu et répétez-le en imitant les temps de pause entre les prises de parole des deux personnages.

MONSIEUR A : (*avec chaleur*) Oh ! Chère amie. Quelle chance de vous... !
MADAME B :   (*ravie*) Très heureuse, moi aussi. Très heureuse de... vraiment oui !
MONSIEUR A : Comment allez-vous, depuis que...?
MADAME B :   (*très naturelle*) Depuis que... ? Eh bien ! J'ai continué, vous savez, j'ai continué à...
MONSIEUR A : Comme c'est... ! Enfin, oui vraiment, je trouve que c'est...
MADAME B :   (*modeste*) Oh, n'exagérons rien ! C'est seulement, c'est uniquement... Je veux dire : ce n'est pas tellement, tellement...
MONSIEUR A : (*intrigué, mais sceptique*) Pas tellement, pas tellement..., vous croyez ?
MADAME B :   (*restrictive*) Du moins je le... je, je, je... Enfin... !
MONSIEUR A : (*avec admiration*) Oui, je comprends : vous êtes trop..., vous avez trop de...
MADAME B :   (*toujours modeste, mais flattée*) Mais non, mais non : plutôt pas assez...
MONSIEUR A : (*réconfortant*) Taisez-vous donc ! Vous n'allez pas nous... ?
MADAME B :   (*riant franchement*) Non ! Non ! Je n'irai pas jusque-là !
              Un temps très long, ils se regardent l'un l'autre en souriant.
MONSIEUR A : Mais au fait, puis-je vous demander où vous... ?
MADAME B :   (*très précise et décidée*) Mais pas de... ! Non, non, rien, rien. Je vais jusqu'au..., pour aller chercher mon... Puis je reviens à la...
MONSIEUR A : (*engageant et galant, offrant son bras*) Me permettez-vous de... ?
MADAME B :   Mais, bien entendu ! Nous ferons ensemble un bout de...
MONSIEUR A : Parfait, parfait ! Alors, je vous en prie. Veuillez passer par... ! Je vous suis.

Jean Tardieu, Un mot pour un autre – Finissez vos phrases ! – Les Mots inutiles, © Gallimard Jeunesse

Semaine 8 – La liaison

Écoutez ce texte et marquez les liaisons faites (xx xx) et les liaisons non faites (xx#xx).
Puis répétez ce texte.

Récit de voyage : des vacances orientales et uniques.

En août dernier, mes amis et moi sommes allés passer trois semaines en Thaïlande. C'était un voyage extraordinaire et vraiment incroyable ! Nous avons découvert des paysages absolument étonnants. Les gens que nous avons rencontrés étaient extrêmement accueillants et ouverts ! C'était très agréable ! La première semaine, quand on est arrivés, on a loué une voiture et on a traversé des villages anciens dans le sud du pays. Après, on est remontés vers le nord en autobus pour aller à la rencontre des habitants. Pour finir, on a fait un immense périple à pied de trois jours de marche avec un itinéraire qui passait par des chemins montagneux inimaginables. Nous avons aussi profité de notre séjour pour découvrir des monuments culturels et historiques et pour goûter des spécialités excellentes. Nous avons beaucoup apprécié ces trois semaines qui resteront inoubliables !

Semaine 9 – L'intonation expressive / L'expression des sentiments

 Activité 1

Écoutez et répétez ce dialogue en imitant l'intonation expressive.

– Alors, raconte, comment s'est passé ton dernier rendez-vous avec Franck ?

– Comment, tu ne sais pas ? Il a encore oublié de venir ! Tu te rends compte, ça fait trois fois en trois semaines qu'il m'oublie ! J'en ai vraiment marre ! Je ne sais pas pourquoi j'insiste ! Il est trop nul ! Chaque fois, je l'attends pendant plus d'une heure pour apprendre que Monsieur ne pourra malheureusement pas venir ! La première fois, il avait soi-disant trop de travail au bureau et il était resté travailler très tard. La deuxième fois, sa mère avait soi-disant absolument besoin de lui. Et cette fois, je ne sais pas, il ne m'a même pas appelée ! Tu te rends compte ?

– Alors là, c'est trop fort ! Il exagère ! Tu as raison, tu devrais tout arrêter !

– Oui, tu peux le dire, il exagère !!! Franchement, il se moque de moi ! Et toi, parle-moi plutôt de toi et Martin !

– C'est super, tout se passe très bien, il est toujours aussi adorable ! L'autre jour, il m'a emmenée dans un super resto et il m'a proposé de partir tous les deux en week-end à Londres.

– Waouh ! C'est génial ! Tu as de la chance ! Je suis super contente pour toi !

– Franchement, tu devrais oublier Franck !

– J'aimerais bien mais je n'y arrive pas. Je ne peux pas m'empêcher d'attendre son coup de fil...

Semaine 10 – La consonne [R]

 Activité 1

Écoutez et répétez ce poème de Jacques Charpentreau.

L'arbre
Perdu au milieu de la ville,
L'arbre tout seul, à quoi sert-il ?

Les parkings, c'est pour stationner,
Les camions pour embouteiller,
Les motos pour pétarader,
Les vélos pour se faufiler.

L'arbre tout seul, à quoi sert-il ?

Les télés, c'est pour regarder,
Les transistors pour écouter,
Les murs pour la publicité,
Les magasins pour acheter.

L'arbre tout seul, à quoi sert-il ?

Les maisons, c'est pour habiter,
Les bétons pour embétonner,
Les néons pour illuminer,
Les feux rouges pour traverser.

L'arbre tout seul, à quoi sert-il ?

Les ascenseurs, c'est pour grimper,
Les Présidents, pour présider,
Les montres pour se dépêcher,
Les mercredis pour s'amuser.

L'arbre tout seul, à quoi sert-il ?

Il suffit de le demander
À l'oiseau qui chante à la cime.

© Jacques Charpentreau, *La Ville enchantée*, Éditions L'École, 1976.

Semaine 11 – Les consonne [s] – [z] – [ʃ] – [ʒ]

 Activité 1

Dictée phonétique. Écoutez les phrases, écrivez les lettres manquantes parmi la liste suivante ainsi que le symbole phonétique correspondant ([...]). Puis répétez les phrases.

[s] : s – ss – sc – c – t – ç / [z] : s – z / [ʃ] : ch / [ʒ] : j – g

1. ......ette ....eune ......er...eu...e ......uédoi......e est partie d'une ......imple
  [ ]   [ ]   [ ] [ ] [ ] [ ]   [ ]   [ ]

......uppo......i......ion mais ......on inven......ion ......'est tran......formée en avan......ée ......ientifique ......en.....a......ionnelle !
[ ] [ ][ ]   [ ]   [ ] [ ]   [ ]   [ ] [ ]   [ ] [ ][ ]

2. Au ly......ée, ...e ......oi......i......ais tou......ours mon ......u......et de philo......ophie
      [ ]   [ ] [ ] [ ] [ ]   [ ]   [ ] [ ]   [ ]

avec ......oin et pré......i......ion et ......e ......avais ......ai......ir ma ......an......e pour ......éduire l'en......eignant.
     [ ]   [ ] [ ]   [ ] [ ]   [ ] [ ]   [ ] [ ]   [ ]   [ ]

3. ......oé a ......an......é de pa......ion pour ......e con......acrer à la phy......ique-......imie.
   [ ]   [ ]   [ ]   [ ]   [ ]   [ ]   [ ]   [ ]

......on enthou......ia......me est ex......ep......ionnel et elle a ......u arran......er les ......o......es pour réu......ir ......a vie.
[ ]   [ ] [ ]   [ ] [ ]   [ ]   [ ]   [ ] [ ]   [ ] [ ]

Semaine 12 – La disparition des sons dans le français familier

(66) Activité 1

Écoutez et répétez ces phrases. D'abord, écrivez dans le tableau les phrases entendues dans la bonne colonne. Puis, écrivez ces phrases de l'autre manière.

1. C'qui m'énerve le plus ici, c'est qu'les réunions sont pas intéressantes du tout.

2. Je ne peux pas dire que le bus a eu du retard, c'est moi qui ne me suis pas réveillé.

3. Je ne comprends pas pourquoi il intervient toujours quand il y a une dispute entre collègues !

4. T'as pas su que l'directeur de la compta allait partir la s'maine prochaine ? Comment ça s'fait qu'tu sois passé à côté d'cette info ?

5. Pour la Journée de la gentillesse, qu'est-ce que tu comptes faire ? Tu as une idée ? Moi, je ne sais pas encore...

6. T'étais au courant qu'y avait encore des places dispo pour l'concert de Shy'm avec le CE ? Moi, j'savais pas et j'sais pas si j'peux encore en avoir. T'y vas ?

	Français standard	Français familier
1.		
2.		
3.		
4.		
5.		
6.		

Mes compétences en français

Les descripteurs du *Cadre européen commun de référence pour les langues* permettent d'expliquer les compétences de communication attendues à chaque niveau.
Après les 12 semaines avec Agenda 3, évaluez vos progrès et vos compétences au niveau B1.

LIRE	Un peu	Assez bien	Bien
Je peux comprendre des textes factuels directs sur des sujets relatifs à mes intérêts et à mon domaine.			
Je peux comprendre la description d'événements, de sentiments et de souhaits dans une lettre.			
Je peux comprendre l'information pertinente dans des écrits quotidiens tels que lettres, prospectus, affiches et documents officiels courts.			
Je peux parcourir un texte assez long pour y localiser une information.			
Je peux réunir des informations provenant de différentes parties d'un texte ou de différents textes afin d'accomplir une tâche spécifique.			

LIRE POUR S'INFORMER ET DISCUTER	Un peu	Assez bien	Bien
Je peux reconnaître le schéma argumentatif suivi pour la présentation d'un problème sans en comprendre nécessairement le détail.			
Je peux identifier les principales conclusions d'un texte argumentatif clairement articulé.			

ÉCOUTER	Un peu	Assez bien	Bien
Je peux comprendre les points principaux d'une intervention sur des sujets familiers rencontrés régulièrement au travail, en situation d'apprentissage, pendant les loisirs, ainsi que des récits courts.			
Je peux comprendre des informations factuelles directes sur des sujets de la vie quotidienne ou relatifs au travail, en reconnaissant les messages généraux et les points de détail, à condition que l'articulation soit claire et l'accent courant.			
Je peux suivre les points principaux d'une longue interaction à condition que la langue soit standard et clairement articulée.			
Je peux suivre une conférence ou un exposé à condition que le sujet soit familier et la présentation directe, simple et clairement structurée.			
Je peux comprendre des informations techniques simples et suivre des directives techniques assez détaillées.			

COMPRENDRE UNE INTERACTION ENTRE LOCUTEURS NATIFS	Un peu	Assez bien	Bien
Je peux comprendre les points principaux d'une longue discussion se déroulant en ma présence, à condition que la langue soit standard et clairement articulée.			

COMPRENDRE DES ÉMISSIONS DE RADIO ET DES ENREGISTREMENTS	Un peu	Assez bien	Bien
Je peux comprendre les points principaux des bulletins d'informations radiophoniques et de documents enregistrés simples si le débit est assez lent et la langue relativement articulée.			
Je peux comprendre l'information contenue dans la plupart des documents enregistrés ou radiodiffusés simples si la langue standard est clairement articulée.			

ÉCRIRE	Un peu	Assez bien	Bien
Je peux écrire des notes et des lettres personnelles pour demander ou transmettre des informations d'intérêt immédiat et faire comprendre les points que je considère importants.			
Je peux apporter de l'information sur des sujets abstraits et concrets, contrôler l'information, poser des questions sur un problème ou l'exposer précisément.			
Je peux laisser des notes qui transmettent une information simple et immédiatement pertinente à des amis, des collègues et d'autres personnes fréquentées dans la vie quotidienne, en communiquant de manière compréhensible les points qui me semblent importants.			
Je peux écrire de brefs essais simples sur des sujets d'intérêt général.			
Je peux écrire une lettre personnelle pour donner des nouvelles ou exprimer mon opinion sur un sujet abstrait ou culturel.			
Je peux écrire une lettre décrivant en détail une expérience, un sentiment ou des événements.			

ESSAI ET RAPPORTS	Un peu	Assez bien	Bien
Je peux écrire de brefs essais simples sur des sujets d'intérêt général.			
Je peux résumer avec une certaine assurance une source d'informations factuelles sur des sujets familiers courants ou non et donner mon opinion.			

PARLER	Un peu	Assez bien	Bien
Je peux réagir à des sentiments tels que la surprise, la joie, la tristesse, la curiosité, la peur et je peux les exprimer.			
Je peux aborder sans préparation une conversation sur un sujet familier.			
Je peux poser des questions, répondre à des questions et échanger des idées et des renseignements sur des sujets familiers relatifs au travail et aux loisirs.			
Je peux soutenir une conversation ou une discussion bien qu'ayant parfois des difficultés à exprimer clairement ce que j'aimerais dire.			
Je peux expliquer pourquoi quelque chose pose problème.			
Je peux commenter brièvement l'opinion d'autrui.			
Je peux comparer et proposer des alternatives en discutant de ce qu'il faut faire.			
Je peux participer à une discussion en apportant des solutions à des problèmes pratiques.			

MONOLOGUE SUIVI	Un peu	Assez bien	Bien
Je peux raconter une histoire.			
Je peux décrire un événement, réel ou imaginaire.			
Je peux décrire un rêve, un espoir ou une ambition.			
Je peux raconter l'intrigue d'un livre ou d'un film et décrire mes propres réactions.			
Je peux faire une description directe et simple de sujets de la vie quotidienne.			
Je peux relater mes expériences en décrivant mes sentiments et mes réactions.			
Je peux développer une argumentation suffisamment bien pour être compris sans trop de difficultés.			
Je peux donner brièvement des raisons et des explications relatives à des opinions, des projets et des actions.			

S'ADRESSER À UN AUDITOIRE	Un peu	Assez bien	Bien
Je peux faire un exposé simple et direct, préparé, sur un sujet familier qui soit assez clair pour être suivi sans difficulté la plupart du temps et dans lequel les points importants seront expliqués avec assez de précision.			
Je peux gérer les questions qui suivent un exposé mais je peux avoir à faire répéter les questions.			
Je peux intervenir dans une discussion en utilisant une expression adéquate pour prendre la parole.			

INTERVIEWER ET ÊTRE INTERVIEWÉ	Un peu	Assez bien	Bien
Je peux utiliser un questionnaire préparé pour conduire un entretien structuré avec quelques questions spontanées complémentaires.			
Je peux conduire un entretien préparé à condition de pouvoir faire répéter les informations données.			
Je peux fournir les informations concrètes exigées dans un entretien mais avec une précision limitée.			

TOURS DE PAROLE	Un peu	Assez bien	Bien
Je peux commencer, poursuivre et terminer une simple conversation en tête à tête sur des sujets familiers ou d'intérêt personnel.			
Je peux intervenir dans une discussion en utilisant une expression adéquate pour prendre la parole.			

OBTENIR DES BIENS ET DES SERVICES	Un peu	Assez bien	Bien
Je peux formuler une plainte.			
Je peux faire face à la plupart des situations susceptibles de se produire au cours d'un voyage ou en préparant un voyage.			

Corrigés

Semaine 1 – Rendez-vous 1
À découvrir – pages 4-5
1 Projet concret : 2 ; 3 ; 5 ; 6 ; 8
Projet peu concret : 1 ; 4 ; 7 ; 9 ; 10

2 a. 1. Faux ; 2. Vrai ; 3. Vrai ; 4. Faux
b. Lieu de résidence : ville (« citadins ») ; Âge : entre 30 et 50 ans ; Catégorie sociale : cadre ; Situation matrimoniale : en couple ou divorcé
c. Le mythe de retour aux sources, l'engouement écologique, le rejet des transports en commun et des rythmes professionnels épuisants.
d. Elle permet de conjuguer toutes les motivations : se mettre au vert, se mettre à son compte, se consacrer aux autres, vivre sa passion, partir loin.

3 a. ça revient au même ; b. ça n'a aucun rapport ; c. ne se ressemblent pas ; d. sont identiques ; e. je ne vois pas la différence ; f. ça n'a rien à voir ; g. la même chose

À savoir, à prononcer, pages 6-7
4 Avion : Un passager ; Un pilote ; Du kérosène ; Un billet ; Une hôtesse de l'air
Train : Un passager / voyageur ; Un conducteur ; L'électricité ; Le billet ; Une locomotive
Métro : Un passager / voyageur ; Un conducteur ; L'électricité ; Un ticket ; Une rame
Voiture : Un passager ; Un chauffeur / Un conducteur ; L'essence / le gasoil ; Le permis B ; La ceinture de sécurité
Moto : Un passager ; Un motard ; L'essence / le gasoil ; Le permis A ; Un casque
Vélo : Un passager ; Un cycliste ; – ; – ; La piste cyclable
À pied : – ; Un piéton ; – ; – ; Un trottoir

5 a. je voyagerai ; b. tu iras ; c. Marc et Paul essayeront ; d. vous vous lèverez ; e. nous courrons ; f. ils négocieront ; g. vous nous achèterez ; h. tu appelleras i. ils auront

6 se lever tard tous les jours : ils se lèveront – il / elle se lèvera ; faire du sport : ils feront – il / elle fera ; découvrir de nouveaux endroits : ils découvriront – il / elle découvrira ; connaître de nouvelles personnes : ils connaîtront – il / elle connaîtra ; apprendre de nouveaux modes de vie : ils apprendront – il / elle apprendra ; se faire de nouveaux amis : ils se feront – il / elle se fera ; prendre des cours : ils prendront – il / elle prendra ; devenir professeur : ils deviendront – il / elle deviendra ; dépenser intelligemment son argent : ils dépenseront – il / elle dépensera ; prendre soin de soi : ils prendront – il / elle prendra ; s'amuser : ils s'amuseront – il / elle s'amusera ; voyager loin : ils voyageront – il / elle voyagera ; balayer ses anciennes habitudes : ils balayeront – il / elle balayera ; ne pas voir le temps passer : ils verront – il / elle verra.

7 a. mieux ; b. meilleur ; c. mieux ; d. meilleure ; e. mieux

8 a. la ville la plus intéressante du Canada ; b. les rencontres les plus marquantes ; c. les meilleurs spectacles, les plus originaux, les plus vivants ; d. les meilleurs pancakes de ma vie ; e. c'est ce qu'il y a de mieux

Semaine 1 – Rendez-vous 2
À découvrir – pages 8-9
1 Conseil / Recommandation : 2 – 3 – 6 – 8 – 10 ; Conseil appuyé / Avertissement : 1 – 4 – 5 – 9 ; Interdiction : 7 – 11.

2 a. Vous pourriez conserver en lieu sûr une photocopie de votre passeport.
b. Tu ne devrais pas regrouper dans un seul sac l'argent et les documents administratifs.
c. Vous feriez mieux de conserver votre calme, suivre les instructions données et attendre les secours.
d. En voyage, tu pourrais toujours prévoir à portée de main un petit sac facile à transporter dans lequel sont regroupés argent, documents de voyage et billet d'avion.

e. Vous devriez vous informer au préalable auprès de votre compagnie aérienne ou de l'aéroport.

3 a – h – j – f – c – b – e – i – l – d – g – k

4 Dialogue 1 : a – d ; Dialogue 2 : e – b ; Dialogue 3 : h – f ; Dialogue 4 : i – c ; Dialogue 5 : j – g

5 a. Apprends ; b. Sois ; c. N'essayez pas ; d. Ne critiquons pas ; e. Ne faites pas ; f. Soyons ; g. Vous devez ; h. Ayez

À savoir, à prononcer, pages 10-11
6 1. b ; 2. d ; 3. a ; 4. c

7 a. Faux ; b. Vrai ; c. Faux ; d. Vrai ; e. Vrai ; f. Faux

8 a. sacs à main ; b. bagage / valise ; c. sac à dos ; d. bagage / bagage à main

9 j'aimerais – tu me recommanderais – j'irais – tu pourrais – ça serait – tu pourrais – je devrais – tu partirais – nous voyagerions – elle rentrerait – je resterais – vous devriez

10 Va ; regarde ; Renseigne-toi ; Fais ; pose ; fais-toi ; ne prends pas ; voyage ; Garde ; ne les achète pas ; n'hésite pas ; choisis-le ; mets-la ; donne-leur ; range ; prends-en.

Bilan, pages 12-13
1 Verbes au futur : Projet 1 : serai, fera, irons, ferons, permettra, essaiera, transmettra, essaiera, découvriront – Projet 2 : mangerons
Verbes au conditionnel : Projet 1 : voudrais – Projet 2 : serait, accompagnerait, serait, faudrait, pourrions, réduiraient, seraient, aimerions, suivraient
Parce que les deux projets s'adressent à des enfants et tournent autour de l'alimentation.

2 *Réponse libre.*

3 a. 1 – f ; 2 – k ; 3 – j ; 4 – a ; 5 – i ; 6 – b ; 7 – d ; 8 – e ; 9 – h ; 10 – c ; 11 – g
b. Le mode de transport : choisissez-le bien. – Les formalités : ne les oubliez pas. – L'encadrement pour les enfants : prévoyez-le rapidement. – Le projet : soyez original. – La présentation du dossier : ne la négligez pas. – Le budget : prévoyez-le assez large. – Les équipements : achetez-les avant le départ. – Les médias : contactez-les avant le départ et à votre retour. – Les organismes de bourse de voyage : écrivez-leur sans tarder. – Les sponsors : prouvez-leur que votre dossier est le meilleur.

4 *Réponse libre.*

Semaine 2 – Rendez-vous 1
À découvrir – pages 14-15
1

A	Q	E	C	M	V	L	M	S	E	C	H	D	C	Y
T	H	P	O	L	V	B	M	X	V	T	G	H	K	K
Y	L	M	M	A	X	S	V	R	I	M	M	A	O	S
N	B	K	M	V	S	B	U	R	E	A	U	E	G	L
U	J	O	O	A	I	H	Y	W	R	F	N	L	P	P
U	N	L	D	B	R	Q	S	R	S	A	P	A	M	Y
É	X	R	E	O	B	N	Z	U	W	U	I	M	I	H
T	A	E	T	V	W	L	I	B	F	T	L	P	R	S
A	Y	O	A	C	Q	T	I	D	X	E	Z	E	O	R
G	I	T	B	A	K	Y	G	M	H	U	M	I	I	C
È	V	Q	L	N	P	H	O	C	U	I	K	L	R	U
R	V	E	E	A	U	A	R	G	Y	L	S	I	E	L
E	N	B	D	P	Q	W	A	R	M	O	I	R	E	I
G	E	W	M	É	S	C	K	D	H	F	Z	W	V	T
Q	V	L	D	V	Z	Y	Y	M	B	U	G	I	I	R

2 a. le lavabo et la commode ; b. l'évier et l'armoire ; c. la baignoire et le frigo ; d. la table basse et le frigo ; e. le lit et la douche

3 un couvre-lit > un drap > un drap housse > un drap de bain > une serviette de toilette > une serviette de table > un mouchoir > un gant de toilette
une serviette de table ; un mouchoir

133

④ a. La baie vitrée n'est pas face à la porte. Le canapé se trouve à gauche, au milieu de la pièce. Il n'y a qu'un seul fauteuil et il est près de la fenêtre. La bibliothèque est à gauche. Il n'y a pas d'aquarium mais une télévision.
b. Au milieu de la cuisine, il y a une table et des chaises mais pas d'îlot central. Les placards et l'évier ne sont pas du même côté. En face de la porte se trouve une fenêtre qui donne sur une cour.
⑤ a. – – ; b. F ; c. V ; d. – – ; e. – – ; f. F ; g. V ; h. V
⑥ A, aspects positifs : la lumière du salon et la terrasse : splendides ; aspects négatifs : c'est vieux et moche, il faut faire beaucoup de réparations. B, aspects positifs : mignon comme tout, c'est très coquet, sa cuisine américaine, il bien agencé, on s'y sent bien ; aspects négatifs : pas très spacieux. C, aspects positifs : décoré avec beaucoup de goût, les pièces sont bien aménagées, c'est une maison très confortable ; aspects négatifs : ce n'est pas propre et les papiers peints tombent en ruine.

À *savoir* – pages 16-17
⑦ a. 4 et 8 ; b. 5 et 7 ; c. 3 et 9 ; d. 1 et 10 ; e. 2 et 6
⑧ a. S ; b. M ; c. S ; d. S ; e. 2 ; f. M ; g. M
⑨ Le dossier Colonne est dans l'armoire, sous les dossiers Lomberd et Servikale. Le dossier Pontrand est sur la pile au milieu du bureau. Le dossier Sigmund est sous le dossier Pontrand.
⑩ a. J'habite dans une agréable maison qui possède un petit jardin avec une piscine en plastique pour les enfants. b. Mes enfants ont une commode bleue en bois. c. Au mur dans la chambre d'amis, il y a une tapisserie verte à fleurs blanches. d. Dans notre chambre à coucher, nous avons une immense armoire normande en bois. e. Ma fille a acheté une minuscule lampe de chevet minuscule et originale. f. Dans la cuisine, nous avons un énorme réfrigérateur américain qui fait des glaçons ronds.
⑪ *Réponse libre.*

Semaine 2 - Rendez-vous 2
À *découvrir* – pages 18-19
① Une mère : a ; i ; j ; k. Un(e) journaliste : b ; h ; n ; o. Un responsable des RH : e ; g ; p ; r. Une personne qui fait le ménage : d ; f ; l ; s. Un enfant : c ; m ; q ; t.
② *Réponse libre.*
③ a. 2 ; b. 4 ; c. 1 ; d. 6 ; e. 3 ; f. 5
④ 1. Contre (bricoler, nettoyer). 2. Pour (repasser, passer la serpillère). 3. Pour. 4. Contre (cuisiner, repasser). 5. Pour.
⑤ *Réponse libre.*

À *savoir* – pages 20-21
⑥ a. Il ne faut inviter personne le soir pendant la semaine. b. Il ne faut rien prendre dans les affaires des autres sans autorisation. c. Les colocataires ne pourront faire aucun crédit pour le loyer. d. Il n'y aura ni petit ami, ni famille plus d'une semaine. e. Il n'y aura aucun achat communautaire supérieur à 50 €.
⑦ a. Rien n'est rangé dans cette pièce, il faut tout mettre en ordre. b. Personne ne peut vivre dans ce désordre. c. Aucun de ses enfants ne l'a aidé à faire la lessive. d. Son mari ne l'aide ni à préparer le repas ni à faire la vaisselle. e. Il n'a jamais passé le balai de sa vie. f. Tu n'as pas passé l'aspirateur depuis une semaine.
⑧ a. Non, il ne faut pas les laisser. b. Non, aucun plat ne peut rester. c. Non, on ne laisse aucune robe. d. Non, on ne peut rien laisser en désordre. e. Non, personne ne peut mettre les pieds sur la table. f. Non, tu ne peux ni laisser la maison en désordre ni la vaisselle sale.
⑨ a. Tu l'achètes avant de rentrer. b. Ne les oublie pas sur la table. c. Baisse-la, s'il te plaît, c'est trop fort ! d. Dis-leur de venir pour 20 h. e. Je ne lui ai pas encore répondu. f. Je n'ai pas envie de le préparer aujourd'hui. g. Passe-la moi. h. Je ne lui ai pas dit.

⑩ a. Oui, je la fais tous les jours. b. Oui, il les repasse tout seul. c. Non, je ne la lave pas, j'ai un lave-vaisselle. d. Oui, je leur demande de m'aider de temps en temps. e. Oui, ils les préparent souvent. f. Non, elle ne le fait pas. g. Non, je n'ai pas besoin de lui dire de faire la vaisselle. h. Non, il ne les fait pas tous les soirs, il les oublie parfois.

Bilan, pages 22-23
① a. Parce qu'elle est trop difficile. b. Une grande chambre ou deux petites. c. à travailler. d. Oui, elle passe beaucoup de temps à faire de bons petits plats. e. Sur une terrasse ou un balcon.
② a. grand appartement ; b. spacieux ; c. une bibliothèque ; d. placards ; e. cuisine équipée ; f. dans le centre ; g. pas cher
③ annonce ; l'appartement ; centre ; station ; l'immeuble ; entretenu ; étage ; ascenseur ; terrasse ; spacieux ; lumineux ; armoires ; équipée ; 33 68 13 49 ; chat
④ JF : jeune fille ; Ch : cherche ; ds : dans ; Cuis. équip. : cuisine équipée ; Grd salon : grand salon ; F4 : 4 pièces ; Pt : petit ; Terr. : terrain ; Appt : appartement ; Lumx : lumineux ; Si poss : si possible ; Sdb : salle de bain ; Nbrx plcds : nombreux placards ; Prox transp. : proximité transport ; TTC : toutes taxes comprises ; Asc. : ascenseur
JF ch chambre ds appt lumx a terr. Grd salon, cuis équip. Nbrx plcds. Prox transp et centre. Si poss asc. Max 400 € TTC. Tél. Marion : 06.54.23.69.26 ou jfchappt@gmail.com
⑤ a. Oui, je les adore. Je les préfère aux chiens. b. Oui, je la fais tous les jours. J'adore cuisiner. c. Oui, j'aime les faire mais seulement au marché. d. Je le fais une fois par semaine. e. Non, je n'aime pas le faire mais je le fais quand même. Je n'aime pas la saleté. f. Je lui demande simplement et poliment d'arrêter. g. Je leur demande de repasser à un autre moment en journée. h. Je te le dirai.
⑥ Tu ne fais ni le ménage, ni la poussière. Tu ne fais aucun effort pour que la colocation se passe bien. Tu n'achètes rien à manger. Tu n'es aimable avec personne. Tu ne dis (jamais) rien.

Semaine 3 - Rendez-vous 1
À *découvrir* – pages 24-25
① a. 3 ; b. 1 ; c. 4 ; d. 2
② a. une mémoire d'éléphant ; b. une mémoire de poisson ; c. en souvenir de
③ le souvenir : se rappeler – se souvenir – se remémorer – songer ; la mémoire : apprendre – oublier – mémoriser – oublier – retenir
④ *Réponse libre.*
⑤ Histoire 1 : a – e – c – b – f – h – g – d ; Histoire 2 : a – d – f – b – c – e – g – h
⑥ Histoire 1 : dans le passé – à cette époque-là – un jour ; Histoire 2 : je me rappelle que / je me souviens que – à cette époque-là – un jour – je me souviens que / je me rappelle que
⑦ a. Faux – b. ? – c. Faux – d. Vrai – e. Vrai – f. Vrai – g. Faux
⑧ Un jour – Je me rappelle qu'il – Je me souviens que – Je n'ai jamais oublié

À *savoir* – pages 26-27
⑨ a. 6 ; b. 5 ; c. 1 et 2 ; d. 4 ; e. 3
⑩ *De gauche à droite et de haut en bas :* Brigitte ; Michel ; Marcel ; Martine ; Sophie ; Ludovic ; Moi : Céline ; Emmanuelle ; Vincent ; Vanessa ; Nicolas ; Olivia ; Léa ; Lola
⑪ a. Nous avons une très bonne relation ; Je m'entends aussi très bien avec ma sœur ; C'est très rare une si bonne entente ; b. Elle aimait beaucoup ; C'est comme s'il avait un deuxième fils ; Je les apprécie beaucoup / J'ai une grande estime (pour elle). c. Être célibataire depuis longtemps. d. Trouver quelqu'un qui vous correspond. e. Oui
⑫ a. a sorti ; b. a passé ; c. sommes montés ; d. est entré(e) ; e. a retourné ; f. a monté ; g. ont passé ; h. est retournée ; i. a entré ; j. suis passé(e) ; k. sommes sortis / sommes rentrés

13 C'est un beau dimanche de septembre. Il faisait encore chaud. J'avais bien dormi, j'étais en pleine forme Alors, j'ai décidé de faire un jogging. Je suis parti(e) avec le chien. Je courrais depuis 30 minutes quand j'ai trouvé par terre un billet de...

Semaine 3 - Rendez-vous 2
À *découvrir* – pages 28-29

1 Dès 1793 ; À partir de 1852 ; De 1852 à 1867 ; Au cours de l'année 1923 ; Durant trois semaines ; En septembre 1925 ; jusqu'en novembre 1938 ; Pendant la seconde guerre mondiale ; De 1945 à 1949 ; Le 1er août 1953 ; cent ans.

2 en 1998 ; de 1998 à 2003 ; en 5 mois ; pendant 2 ans ; cela fait maintenant 5 ans ; depuis ; il y a

3 *Proposition :* En 1946, la Guyane est devenue un département français d'outre-mer. Le CNES est né le 19 décembre 1961. En mois de 3 ans, Kourou est devenue la base spatiale française. Entre l'installation de la base et le 1er lancement, plusieurs années se sont passées. Entre 1979 et 1997, la base a lancé 100 fusées Ariane. / En 18 ans, la base a lancé 100 fusées Ariane. Pendant 24 ans, les lancements de fusées se sont enchaînés. Il y a 32 ans que le 1er lancement de fusée Ariane a eu lieu. Cela fait 8 ans que le dernier lancement d'Ariane s'est produit.

4 *Réponse libre.*

À *savoir* – pages 30-31

5 a. amitié – mauvaise ; b. amour – bonne ; c. amitié – bonne ; d. amitié – bonne ; e. amitié – bonne ; d. amour – bonne

6 a. 5 ; b. 4 ; c. 6 ; d. 1 ; e. 2 ; f. 3

7 a. an ; b. an ; c. an ; d. année ; e. les deux ; f. année ; g. an ; h. les deux ; i. année

8 a. 9 ans ; b. cette nouvelle année ; c. Bonne année ; d. Chaque année ; e. Ces années-là ; f. Tous les ans ; g. par an ; h. Sa première année ; i. dernière année ; j. L'an prochain / l'année prochaine ; k. Toute l'année ; l. plusieurs années ; m. En quelle année

9 a. vers 13 heures environ ; b. en moins de 5 minutes ; c. au printemps / en hiver ; d. Pendant les réunions ; e. dans une demi-heure ; f. Depuis que je vis ; g. Voilà / il y a 5 ans que ; h. en très peu de temps ; i. En trois ans ; j. dans 3 heures / à 15 h 20 ; k. depuis qu'elle est maman

10 a. Dans ; b. pendant ; c. Il y a ; d. En ; e. Depuis ; f. en ; g. pour

Bilan– pages 32-33

1 a. Non, il y a plus de 25 ans. b. Avant stressée, angoissée. Pendant : heureuse. Au moment de l'incident : fâchée. Après : elle leur en veut toujours : rancunière. c. Vers minuit. d. De la mousse à raser. e. C'est un souvenir mémorable. / C'est inoubliable ! f. Un moment dans le passé : C'était il y a ; à cette époque-là ; le jour (de, où). Un événement / un moment précis dans le passé : jusqu'au soir ; au moment du ; vers minuit ; dans quelques minutes ; à ce moment-là. La durée d'une action : en quinze secondes.

2 il y a une quinzaine d'années ; pendant des jours ; tous les jours ; à chaque fois ; à un moment donné ; à un autre moment ; du soir au matin ; un jour ; depuis des semaines ; en deux jours

3 c'était ; je savais ; mes frères voulaient ; ils en ont fait ; il était ; ils allaient ; je ne savais pas ; c'était ; ils préparaient ; je les ai vus ; j'ai su ; ils avaient trouvé ; ils étaient ; je suis allée ; j'étais ; nous avons dû aller ; j'ai vu ; j'ai su ; je n'ai rien dit ; j'ai fait ; je ne savais rien ; j'attendais ; je voulais ; ils avaient préparé ; je pensais ; ils allaient essayer ; ils ont fait tomber ; j'ai dû faire ; ils attendaient ; j'avais ; j'ai été surprise ; il s'est vraiment passé

4 *Réponse libre.*

Semaine 4 - Rendez-vous 1
À *découvrir* – pages 34-35

1 a. Les succès des journaux gratuits. b. La consultation des courriels, le visionnage d'une vidéo, la conversation en ligne, la lecture rapide des titres du jour sur Internet. c. Cela signifie que, dans un avenir proche, d'une part les gens ne voudront pas dépenser d'argent pour acheter un journal et que, d'autre part, ils n'auront pas envie de perdre du temps en allant chercher un quotidien dans un kiosque. d. La gratuité de l'information, avec les succès concomitants d'Internet et des journaux gratuits ; la désaffection d'une partie des lecteurs, notamment des plus jeunes ; enfin la migration de la publicité et des petites annonces vers Internet. e. Elle est moins coûteuse, plus réactive ; elle offre la possibilité d'inventer de nouvelles formes d'écriture et de conquérir de nouveaux publics. Surtout, par son interactivité, elle renoue un lien entre le journaliste et le lecteur. f. Ancien : nourri d'enquêtes, de reportages et d'expertise. Nouveau : discussions et débats en ligne, proximité du lecteur, recommandations, interactions entre les sources d'information, usage raisonné de la vidéo, du son, des liens hypertextes. g. Ils sont compatibles. h. Tuer, survivre, destructeur, mort, naissance, renaissance.

2 a. Le problème est, selon moi, que les gens n'ont plus de temps pour lire un journal. b. En ce qui me concerne, je dirais que la crise de la presse écrite vient essentiellement du fait de la gratuité des journaux. De plus, selon moi, le désintérêt des jeunes pour ce support y est pour beaucoup... c. Personnellement, je pense que le nouveau journalisme devra intégrer les enquêtes de fond avec les débats en ligne.

3 2 % : un très faible pourcentage ; 15 % : une minorité ; 33 % un tiers ; 50 % la moitié ; 55 % : à peine plus de la moitié ; 65 % : une majorité ; 75 % les trois-quarts ; 80 % une grande majorité ; 98 % : la quasi-totalité

4 a. Vrai ; b. Faux ; c. Vrai ; d. Vrai ; e. Vrai ; f. Faux

5 a. Les trois quart des 6-17 ans le font régulièrement. Presque la totalité des 15-17 ans le font régulièrement. b. Quant au nombre d'adolescents passant du temps devant l'ordinateur, il diminue quand le temps augmente : moins d'un tiers passe trois heures et un peu plus de 20 % en passe quatre. c. Le taux d'ados discutant sans limite n'atteint pas la moitié de cette population. d. Une très grande majorité chatte sur une messagerie instantanée. e. Un tiers d'entre eux ont plus de 50 contacts.

À *savoir* – pages 36-37

6 a. câble ; b. satellite ; c. télécommande ; d. audience ; e. CSA ; f. grille des programmes

7 1. d ; 2. e ; 3. a ; 4. f ; 5. h ; 6. b ; 7. g ; 8. c
Le divertissement regroupe la musique, le rire et les jeux, le sport, la cuisine...

8 Divertissement : g ; k ; m. Info : b ; o. Documentaire : c ; q ; r ; s. Jeunesse : f ; l. Musique : j ; p ; t. Série : d ; i. Sport : a ; h ; v. Cuisine : e ; n ; u.

9 a. En surfant sur Internet, j'ai découvert un site très intéressant. b. En prenant notre petit déjeuner, nous lisons les journaux. c. En conduisant, j'écoute toujours la radio. d. En achetant votre journal tous les jours, vous contribuez au maintien de la presse. e. Tu seras rassuré(e) en installant cet antivirus. f. J'économise 2 % en prenant un abonnement à mon journal préféré. g. Cette maison d'édition protège l'environnement en utilisant ce papier. h. En allant au kiosque, ils se sont rendu compte qu'il y avait de nombreuses revues sur l'histoire.

10 a. Malgré ; b. Bien qu' ; c. Alors que ; d. pourtant / cependant ; e. cependant/ pourtant ; f. quand même / pourtant / cependant ; g. Alors qu' ; h. pourtant / cependant

11 1. a. bien qu'il ait / mette de la bonne volonté... ; c. Bien qu'elle fasse des efforts... ; d. Bien que la crise soit là... ; e. Bien qu'elle soit contre... ; h. Bien qu'elle sache...
2. b. Malgré les critiques... ; c. Malgré ses efforts... ; e. Malgré son opposition à cet article... ; f. Malgré le fait que ce ne soit pas son travail habituel, il accepte...

Semaine 4 - Rendez-vous 2
À *découvrir* – pages 38-39

1 1. Comment vous est venue l'idée d'ouvrir un blog ? 2. Depuis combien de temps avez-vous créé votre blog ?

3. Quelle est votre motivation principale ? 4. Peut-on dire que votre blog fonctionne ? Vous avez beaucoup de visites ? 5. Est-ce que vous aviez prévu ce succès ? 6. Combien de temps consacrez-vous à votre blog ? 7. Comment voyez-vous l'avenir de votre blog ?

➋

	Langage familier / décontracté	Langage standard	Langage soutenu
Phrase qui sert à accueillir un invité	i	f	b
Phrase qui sert à introduire un sujet	d	a	
Phrase qui sert à demander aux auditeurs de participer	g	k et e	
Phrases qui structurent l'émission		c et h	

➌ *Production libre.*

➍ 1. e ; 2. g ; 3. b ; 4. h ; 5. d ; 6. a ; 7. f ; 8. c

➎ a. Combien de fois par semaine lisez-vous le journal ? b. Que pensez-vous des journaux gratuits ? c. Quand est-ce que vous écoutez la radio ? d. Est-ce que vous avez un programme favori ? e. Croyez-vous qu'Internet est une bonne source d'information ?

À savoir – pages 40-41

➏

➐ Indicatif : de façon à ; afin de ; dans le but de ; pour ; de manière à. Subjonctif : pour que ; afin que ; de peur que ; bien que.

➑ a. Oui ; b. Non ; c. Oui ; d. Oui ; e. Non

➒ a. afin de me tenir... ; b. de sorte qu'ils puissent travailler... ; c. de peur de rater une... ; d. dans le but de participer... ; e. de façon à rester au courant... ; f. de manière à ce qu'ils soient protégés

➓ a. Consultez-vous la presse sur Internet ? b. Votre usage est-il à des fins privées ou professionnelles ? c. Pourriez-vous citer les principaux journaux en ligne que vous consultez ? d. Combien de temps consacrez-vous à la lecture des journaux par jour en semaine ? e. Est-ce vous y passez autant de temps le week-end ? f. Quels sont les avantages et les inconvénients de la presse sur Internet ? g. Pourriez-vous vous passer de la presse sur Internet aujourd'hui ? h. Pour la survie de la presse, seriez-vous disposé à payer un abonnement ?

⑪ *Réponse libre.*

Bilan – pages 42-43

➊ a. Deux ; b. 2011 ; c. AMS Sofres et Médiasondage ; d. Entrer facilement en contact avec leurs proches (61 %) ; e. La possibilité de se cultiver (35 %) ; f. Jouer et se divertir (23 %) ; g. 40,4 fois par jour ; h. La moitié ; i. C'est le troisième média le plus fréquemment utilisé par les Français.

➋ *Proposition :*
Graphique 1 : En deux ans, l'influence d'Internet a augmenté (a fait un bond) de 15 points. En 2010, plus de la moitié des internautes français faisaient davantage confiance à Internet qu'à la TV ou à la radio. Il est intéressant de remarquer que, pendant cette même période, la télévision et la radio ont perdu de l'influence : 8 points chacune. Les quotidiens et les magazines restent stables.
Graphique 2 : Sur le camembert, il facile de s'apercevoir qu'Internet et la TV occupent les trois-quarts du temps consacré aux médias par les Français. La radio arrive en troisième position avec un score très honorable de 17 %. Tandis que ses concurrents arrivent en tête avec 38 % pour Internet, suivi de près par la TV qui obtient 35 %. Les magazines et les quotidiens totalisent environ 10 % du temps que les Français consacrent aux médias par semaine.

➌ *Proposition :* Pour faire des recherches, Internet est tellement facile que cet outil est devenu incontournable. Même si on sait que toutes les informations ne sont pas exactes, la majorité l'est. En utilisant Internet régulièrement pour s'informer, on peut apprendre énormément. Bien qu'Internet ne soit pas mon média préféré, j'avoue qu'il est bien pratique. En étant plus à l'écoute des besoins de leurs téléspectateurs ou de leurs auditeurs, les autres médias garderaient leur public. En créant plus de programmes diversifiés et spécialisés, télévision et radio pourraient capter de nouveaux publics.

➍ a. Quelle est la part de la population qui... ? b. Est-ce que vous avez des sites préférés ? c. Quels sont généralement les sites préférés des Français ? d. Comment les Français s'informent-ils ? e. Qui surfe le plus sur Internet ? f. Pour quelles raisons surfe-t-on sur Internet ? g. En moyenne, combien de temps les Français passent-ils devant l'écran ? h. Quand les Français surfent-ils le plus ?

➎ Bonjour et bienvenue à toutes et à tous dans notre émission « Mon quotidien ». Aujourd'hui, nous allons parler d'Internet et du rapport que les Français ont avec ce moyen de communication. Nous verrons aussi la place que prend Internet dans la diffusion de l'information. Pour traiter de ce thème, nous recevons M. Tzveblinkoff responsable de la branche médias de l'Institut de sondage ISMF. Nous accueillons aussi M. Jonas, sociologue auteur d'un ouvrage intitulé « Nous nous internetisons ». Alors, ma première question pour M. Tzveblinkoff. Quel est l'usage principal d'Internet pour les Français ?...

Semaine 5 – Rendez-vous 1
À découvrir – pages 44-45

➊ Mme Hauptimiste : Moi, j'ai a-do-ré cette exposition. C'était vraiment fantastique. Je crois que c'est la plus belle exposition de ma vie. Ça m'a fait un choc de voir toutes ces toiles incroyables.... Celles que j'ai toujours vues dans les livres ou les magazines. Ces arrangements de couleurs, de formes, je trouve ça remarquable.

➋ a. 2 ; b. 3 ; c. 4 ; d. 1

➌ a. 4 ; b. Fait divers n° 1 : Espagne – Fait divers n° 2 : États-Unis – Fait divers n° 3 : Chine – Fait divers n° 4 : États-Unis ; c. Fait divers 1 : A, G, K – Fait divers 2 : B, E, H – Fait divers 3 : C, F, I – Fait divers 4 : D, J

➍ 1. Mécène ; 2. Escroc ; 3. Duper ; 4. Démantèlement ; 5. Démanteler ; 6. Blanchiment ; 7. Crouler ; 8. Faussaire ; 9. Escroquerie ; 10. Douanes ; 11. Marché noir ; 12. Illicite ; 13. Stupéfiants ; 14. Contrebande ; 15. Trafic

➎ *Réponse libre.*

À savoir – pages 46-47

➏ 1. La période bleue de Picasso a été marquée par des thèmes mélancoliques comme la vieillesse et la mort. Ses œuvres ont été inspirées par l'Espagne mais ont été peintes en France. La période bleue est commencée par le tableau *La femme en bleue* et est finie par *La vie* en 1903. Le tableau *Les demoiselles d'Avignon* a été peint en 1907.

2. Le mouvement du « fauvisme » a été créé en 1905 par Henri Matisse. Les œuvres qui sont présentées au Salon d'automne de 1905 ont choqué par leurs couleurs. Dès 1908, ses tableaux ont été exposés à côté de ceux de Marcel Duchamp.
3. Enfin, *Le penseur* est la sculpture la plus importante créée par Rodin. Le premier moulage a été achevé en 1902 mais il ne sera présenté au public qu'en 1904. Différentes versions ont été réalisées du vivant de Rodin et ont été distribuées dans différents musées du monde.

7 a. que / dont ; b. dont ; c. que ; d. dont ; e. que / dont ; f. dont ; g. que

8 a. qui / qui ; b. où ; c. que / qui ; d. dont ; e. qu' ; f. qui / qu' ; g. que / que ; h. qui / qui ; i. que / dont ; j. que / que / qui

9 c. 1. musique, 4e art ; 2. architecture , 1er art ; 3. poésie, 5e art ; 4. peinture, 3e art ; 5. sculpture, 2e art.

Semaine 5 - Rendez-vous 2
À *découvrir* – pages 48-49
1 a. n° 2 ; b. n° 1 ; c. n° 5 ; d. n° 1 et 3 ; e. n° 8 ; f. n° 6 ; g. n° 2 ; h. n° 3 ; i. n° 7 ; j. n° 4 ; k. n° 7

2

1	J'aimerais que tous les romans me fassent rêver	S
	J'attends de ces moments	V
	J'attends qu'on me surprenne	V
2	Je veux qu'un roman me raconte	V
3	Ce que je désire, c'est que le livre me surprenne.	V
	Soyez un peu plus inventifs	C
	Il faudrait que vous arrêtiez de prendre vos lecteurs...	C
4	Ce que je veux trouver	V
	Je voudrais me régaler	S
5	C'est ça que je désire dans un livre	V
6	J'aimerais que mes lecteurs prennent plaisir à lire	S
7	Je voudrais que les romans puissent	S
8	Il faudrait que les romans soient faciles à lire.	C
	J'aimerais quelque chose de vrai, de frais !	S

3 a. Ce que je voudrais ; b. Il faudrait ; c. Je voudrais ; d. Je préférerais ; e. J'espère ; f. Il faudra ; g. Je souhaiterais ; h. ils veulent

4 a. N ; b. P ; c. P ; d. P ; e. N ; f. N ; g. P ; h. N ; i. N

5 *Réponse libre.*

À *savoir* – pages 50-51
6 Le roman par lettres : a, 3, C. Le roman historique : d, 1, D. Le roman d'aventures : b, 4, A. Le roman policier : c, 2, B.

7 *Réponse libre.*

8 a. que tu me réserves (V) ; b. que tu viennes (E) ; c. que vous assistiez (S) ; d. qu'il soit (D) ; e. que tu aies aimé (E) ; f. que vous partiez (O) ; g. que tu t'impliques (V)

9 a. sera ; b. sommes allés / avons dîné / c'était ; c. saches / peut ; d. s'inscrire ; e. faille ; f. donner ; g. puissions / plaise / me disiez ; h. apprécieras

Bilan – pages 52-53
1 Qui : Une femme de ménage ; Où : Au musée national autrichien ; Quand : Hier ; Quoi : Une œuvre d'art a été détruite par accident ; Comment : L'œuvre a été mise à la poubelle ; Pourquoi : Soit par mégarde, soit pour un vol.

2 Une œuvre d'art a été détruite accidentellement par une femme de ménage. La sculpture avait été évaluée à 300 000 €. La femme a été arrêtée par la police. Elle a été interrogée par la brigade de lutte contre la contrefaçon. Le musée a été poursuivi par l'auteur de l'œuvre. L'auteur pense que l'œuvre a été volé par la femme de ménage. Aucune assurance n'avait été prise par le musée.

3 1. + ; 2. – ; 3. + ; 4. – ; 5. – ; 6. – ; 7. – ; 8. – ; 9. + ; 10. –

4 a. qui ; b. qui ; c. que ; d. que ; e. qui ; f. que ; g. qui ; h. dont ; i. dont
C'est l'art.

5 et **6** *Réponse libre.*

Semaine 6 - Rendez-vous 1
À *découvrir* – pages 54-55
1 a. Faux ; b. Vrai ; c. Vrai ; d. Faux ; e. Faux

2 a. Les plastiques solides et transparents utilisés dans les récipients pour micro-ondes, les bonbonnes d'eau ou le matériel médical ; certaines résines qui tapissent boîtes de conserve et canettes. b. Il dérègle le système hormonal. c. Il peut provoquer des cancers, le diabète, l'obésité, des troubles de la reproduction et du comportement... d. Elles disent qu'il n'y a pas de risque aux doses auxquelles est exposée la population, très en dessous de la dose journalière tolérable. e. L'obésité, l'infertilité, les tumeurs mammaires. f. le cancer du sein.

3 *Proposition :* Je crains pour la santé de mes enfants. Quand j'étais enceinte, je n'étais pas au courant de ces risques, maintenant, j'ai peur d'avoir pu provoquer des dérèglements hormonaux à mon enfant. Un membre de ma famille est très fragile et nous sommes affolés de savoir qu'il pourrait être atteint d'un cancer. Je suis effondrée de savoir que mes enfants pourraient devenir obèses à cause de ce produit.

4 et **5** Verbes indiquant une progression : poursuivre ; renchérir ; conclure. Verbes indiquant une interaction entre 2 personnes : rétorquer ; répondre ; répliquer. Verbes indiquant une attitude neutre du locuteur : déclarer ; expliquer ; raconter ; préciser ; compléter ; souligner ; rappeler ; annoncer ; confirmer ; assurer ; garantir ; noter ; analyser ; déclarer. Verbes indiquant l'humeur du locuteur (joie, colère...) ou un avis subjectif : avouer ; admettre ; reconnaître ; déplorer ; s'exclamer ; gronder ; s'insurger ; se réjouir ; murmurer ; marteler.

6 *Réponse libre.*

À *savoir* – pages 56-57
7 a. 4 ; 2 ; 6 ; 1 (intrus : 3 et 5). b. une prise de conscience des problèmes sociaux et environnementaux, des initiatives publiques pour promouvoir l'engagement, un nombre croissant d'organisations de bénévoles et de volontaires. c. Le sport. d. L'environnement. e. 2. f. 935 000 emplois.

8 a. Elle s'y est installée. b. Il ne s'y connaît pas. / Il n'y connaît rien. c. Elle y croit. d. Nous nous en réjouissons. e. Delphine ne peut pas en changer si rapidement. f. Cet homme n'est pas très malin, il s'en vante. g. Nous y assistons.

9 a. 5 ; b. 9 ; c. 4 ; d. 2 ; e. 7 ; f. 1 ; g. 6 ; h. 10 ; i. 3 ; j. 8

10 a. Il dit que les gens préfèrent de plus en plus se rendre utiles. b. Elle dit qu'avant, elle ne s'intéressait pas / elle milite... / consomment c. Il dit qu'il ne peut pas se permettre... d. Il demande de baisser les prix des légumes bio et qu'à ce moment-là il en achètera.

Semaine 6 - Rendez-vous 2
À *découvrir* – pages 58-59
1 a. Il est obligatoire de jeter les poubelles tous les jours. b. Il est indispensable de faire le tri des déchets. c. Vous ne devez pas laisser la vaisselle dans l'évier mais la faire immédiatement. d. Il est impératif de faire le ménage au minimum une fois par semaine. e. Il est défendu de recevoir des invités les soirs en semaine. f. Il est strictement interdit de fumer dans l'appartement. g. Vous ne pouvez pas consommer d'alcool dans l'appartement. h. Vous ne devez pas posséder d'animal domestique. i. Il est impératif de payer le loyer le 3 de chaque mois. j. Vous serez obligé de faire les courses une fois par semaine.

2 *Réponse libre.*

3 a. 6 ; b. 8 ; c. 2 ; d. 1 ; e. 7 ; f. 3 ; g. 5 ; h. 4

4 *Propositions :* a. Tu ne devrais pas passer autant de temps devant cette console, ça te vide le cerveau ! b. Tu aurais tout de même pu t'en souvenir, c'est ton meilleur ami. c. J'aurais dû réviser au lieu de regarder la télévision. d. Tu as eu tort de faire la fête la veille de ton examen de conduite. Tu n'as pas été capable de te concentrer. e. Pourquoi est-ce que tu n'as pas fait les courses ? Qu'est-ce qu'on va manger maintenant ? f. On aurait mieux fait de réserver il y a deux mois, maintenant c'est hors de prix. g. C'est dommage que je n'aie pas suivi les conseils de mon médecin, maintenant, mon état a empiré.

❺ *Propositions* : Je regrette de ne pas avoir persévéré en danse. J'aurais pu devenir danseur/euse étoile. C'est dommage que je n'aie pas pu faire le tour du monde. J'aurais dû écrire un livre sur ma vie, ça aurait été un best-seller. Je regrette de ne pas avoir planté d'arbre dans ma vie. J'aurais peut-être dû avoir un enfant, je ne serais pas seul(e) maintenant. J'ai eu tort de ne pas aller à cette réception, j'aurais pu rencontrer le Dalaï-lama, c'est vraiment dommage !

À savoir – pages 60-61

❻ librement ; non salariée ; professionnel ; indemnisation ; dédommagé ; formel ; limitée ; temps plein ; indemnité ; citoyen ; déterminé ; solidarité ; développement ; désintéressée ; interculturels ; cohésion ; renforcer ; mixité ; humanitaire ; 16 à 25 ; d'entraide ; six

❼ a. Fondation ; b. Mécénat ; c. Parrainage ; d. Bénévolat ; e. Volontariat

❽ a. Non, il n'y en a pas dans le quartier. b. Oui, il les lui a laissées. c. Non, elle ne va pas les leur présenter. d. Non, ils ne nous en n'ont pas parlé. e. Non, il ne les y a pas encore envoyés.

❾ a. Oui, donnez-leur en plus. b. Non, ne le leur montrez pas. c. Non, ne leur en vendez pas. d. Oui, parlez-lui-en. e. Non, ne le leur dévoilez pas. f. Non, ne le lui dites pas.

❿ a. Il les lui a laissées sans hésiter. → ses clés de voiture à son frère. b. Il lui en a redonné une part. → une part de tarte à son ami. c. Elle m'en a beaucoup parlé. → ma sœur d'un problème. d. Nous l'y avons déposée ce matin très tôt. → notre fille à la gare. e. Nous le lui avons annoncé sans détour. → à ma belle-mère que sa fille était enceinte. f. Il ne faut pas la lui annoncer de cette façon. → cette même nouvelle à cette femme.

⓫ a. auriez dû ; b. aurait pu ; c. aurait fallu ; d. aurions pris ; e. auraient eu droit à ; f. seraient arrivés

Bilan – pages 62-63

❶ *Propositions* : Ce que je crains le plus, c'est que notre société devienne totalement individualiste. Ce dont j'ai peur, c'est que les gens ne se respectent plus entre eux. Vu cet article, je m'inquiète de l'avenir de notre société. Ce qui est inquiétant, c'est de savoir que même les jeunes peuvent se sentir seuls. Je suis anxieux de savoir que toutes ces personnes se sentent mal et seules. J'ai peur qu'il m'arrive la même chose quand je serai plus âgée. Certaines personnes se connectent sur Internet par crainte de rester seules.

❷ a. Elle affirme que c'est un problème qui touche énormément de personnes et elle ajoute qu'il y a beaucoup plus de personnes touchées qu'on ne le croit. b. Il déclare que c'est le résultat de notre société capitaliste et individualiste et il précise que ce n'est pas près de changer. c. Il nous demande de regarder autour de nous, il nous garantit que personne ne se parle. Il nous prévient que, dans 10 ans, nous nous ignorerons tous. C'est lamentable, martèle-t-il. d. Elle nous raconte que sa voisine de 80 ans n'avait plus personne autour d'elle. Maintenant elle s'en occupe, assure-t-elle.

❸ et ❹ *Réponse libre.*

❺ a. Je les lui fais. b. Je les aide à monter.... c. Je la laisse passer d. Je leur en propose. e. J'y vais pour lui.

Semaine 7 – Rendez-vous 1
À découvrir – pages 64-65

❶ Personne 1 : plaisir et obligation ; Personne 2 : obligation ; Personne 3 : obligation ; Personne 4 : obligation ; Personne 5 : obligation ; Personne 6 : plaisir et obligation

❷ a. 4 ; b. 3 ; c. 1 ; d. intrus ; e. 2 ; f. 5 ; g. intrus ; h. 6

❸ car mon fils ne dormait pas toujours la nuit ; à cause des horaires impossibles, des déplacements professionnels sans parler de la compétition constante et de mon manque de sommeil ; parce que je suis devenue adepte de la méditation

❹ a. puisque ; b. à cause de ; c. comme ; d. étant donné que ; e. faute de ; f. pour ; g. grâce à ; h. vu que ; i. parce que

❺ a. La volonté de ne manger que les aliments les plus sains possibles. b. Elles prennent en compte et au sérieux tous les messages et conseils alimentaires que notre société diffuse. c. Passer plusieurs heures par jour à penser et à concocter leurs repas, jusqu'à devenir une véritable obsession ; s'éloigner de ses amis et de sa famille ; perdre du plaisir peut donner lieu à la perte du goût de vivre.

❻ *Réponse libre.*

À savoir – pages 66-67

❼ a. Non, elle n'a jamais fait de sport. b. Durant la Coupe du monde au début de la compétition. c. Les amis de son mari sont venus chez eux pour le regarder. d. Au début, elle ne regardait pas les matchs, cela ne l'intéressait pas. Puis elle a commencé à aimer, à s'animer. Elle a éprouvé des sentiments de joie, de tristesse, de colère et de fierté. Elle a apprécié le fait qu'elle puisse en parler au bureau. e. La fierté.

❽ faute de n'avoir jamais pratiqué de sport de ma vie ; mais puisque les amis de mon mari avaient décidé de venir voir le foot à la maison ; étant donné que la compétition venait de commencer ; à force de les voir s'animer devant l'écran ; comme j'avais suivi tous les matchs ; grâce à la magie du sport

❾ a. affrontera ; b. prodige / marquant ; c. s'est imposé / score ; d. a remporté / dominant / manches / classement ; e. sensation / saison ; f. point décisif / compétition ; g. temps / marche du podium / médaille

❿ a. faute de ; b. en raison des ; c. pour ; d. grâce à ; e. puisque ; f. à force d'

⓫ 1. d ; 2. f ; 3. a ; 4. h ; 5. b ; 6. g ; 7. c ; 8. e

⓬ a. c'est pourquoi ; b. voilà pourquoi ; c. tellement / qu' ; d. alors ; e. donc

Semaine 7 – Rendez-vous 2
À découvrir – pages 68-69

❶ a. Les autorités sanitaires. b. Depuis une dizaine d'années. c. Le nombre de problèmes cardio-vasculaires, respiratoires, articulatoires, de diabète etc. a lui aussi augmenté. d. Angleterre : les frais d'inscription dans les salles de sport sont remboursés par la sécurité sociale. Asie : des cours collectifs et gratuits se font dans les parcs.

❷ a. Faux ; b. Vrai ; c. Vrai ; d. Vrai ; e. Faux ; f. Faux ; g. Faux

❸ *Réponse libre.*

❹ a. Le sepak takraw. b. Le korfball et le kin ball. c. Le korfball. d. Les échasses urbaines. e. Le kin ball. f. 1. Faux ; 2. Vrai ; 3. Faux ; 4. Vrai ; 5. Faux

❺ a. Oui, c'est le cas d'Amsterdam ou de Strasbourg. b. Je peux prendre l'exemple du tennis : il y a l'Open d'Australie, Roland Garros ou encore Wimbledon. c. Évidemment, presque tous le sont. Ça me rappelle le cas de Maradona. d. Oui, il y en a plein, ça me fait penser à Fabien Galthié un ancien joueur de rugby. Sinon, pour le tennis, il y a aussi le cas de Guy Forget ancien joueur et ancien entraîneur. e. Oui, c'est le cas de l'Allemagne (le hand-ball vient d'Allemagne) mais je peux aussi citer le Danemark, la Suède, la Norvège et bien sûr la France.

À savoir – pages 70-71

❻ a. Faux ; b. Vrai ; c. Faux ; d. Vrai ; e. Faux ; f. Vrai ; g. Vrai ; h. ? ; i. ?

❼ 1. tout ; 2. tous ; 3. tous / tous / toutes / tout / tous / tous ; 4. toutes ; 5. tout / tous / tout ; 6. tout / tous / toutes / tout

❽ a. N'importe quand ; b. N'importe qui ; c. N'importe comment ; d. N'importe quoi ; e. N'importe où

❾ Chaque ; Tous ; Certains ; D'autres ; quelques ; Tous ; quelque chose ; rien de ; tout ; personne ; chacun ; tout ; tous ; quelques

Bilan – pages 72-73

❶ a. 205 maintenant et 14 en 1896. b. Dans l'antiquité : des sports gymniques (course à pied, saut, lancer). c. Pierre de Coubertin. d. Les cérémonies d'ouverture et de clôture. e. La devise, l'hymne, le drapeau et la flamme. f. Il est assez critique et dénonce le sport-business. g. Non, cela semble irréaliste.

❷ quelques ; tous ; Certains ; quelques ; peu de ; chaque ; aucun ; tous ; n'importe quoi ; n'importe quel ; n'importe quelle ; quelque chose ; peu importe ; tous ; quelque part ; Rien de ; certains ; Nombreux

❸ a. Non, quelques magazines. b. Oui, ils sont tous les deux pour un sport propre. c. Alexandre pense au début que tous les sportifs sont dopés. Mickaël pense que les cas de dopage ne représentent qu'une petite minorité.

❹ a. M ; b. M ; c. A ; d. A ; e. A ; f. A ; g. M

❺ *Réponse libre.*

Semaine 8 – Rendez-vous 1
À découvrir – pages 74-75

❶ Personne 1 : 3 ; Personne 2 : 4 ; Personne 3 : 1 ; Personne 4 : 2

❷ Les études : cours, littérature comparée, directeur de mémoire, une réunion, une problématique, un plan, des notes (fém.). L'examen : partiel de février/de mai, rattrapage de septembre, module, crédits ECTS. Les services de l'université : bureau de la vie étudiante, SCUIO, cafétéria. Les modalités d'entrées dans les grandes écoles : dossier scolaire, sélection, examen d'entrée, épreuves écrites, admis (admission), les oraux, le jury.

❸ a. Faux ; b. Faux ; c. Vrai ; d. X ; e. Vrai ; f. X ; g. Vrai

❹ a. Vrai ; b. Faux ; c. Faux ; d. On ne sait pas

❺ et **❻** *Réponse libre.*

À savoir – pages 76-77

❼ a. 16 ans. b. 3 ans, l'école maternelle. c. Le cycle élémentaire ou école primaire de 6 à 11 ans ; le collège de 11 à 15 ans ; le lycée de 16 à 18 ans. d. Commencer une filière professionnelle. e. C'est une classe commune à tous les élèves. À la fin, les élèves choisissent leur spécialisation. f. Littéraire, scientifique, économique, technologique et sanitaires et sociaux. g. Ingénieur, commerce, architecture, etc. h. Licence au bout de 3 ans, Master au bout de 5 ans et Doctorat au bout de 8 ans. i. Si le système supérieur français est relativement complexe, il faut reconnaître qu'il s'appuie majoritairement sur un enseignement public et subventionné. Contrairement à d'autres pays du monde, les frais d'inscription de la plupart des établissements sont très peu coûteux et les élèves de tous les niveaux sociaux peuvent donc y accéder. De fait, les étudiants les plus défavorisés peuvent bénéficier de bourses et d'aides au logement pour poursuivre sereinement leurs études. En résumé, le système éducatif français est certes rigoureux il n'en demeure pas moins juste et égalitaire.

❽ a. 1. pas d'accord / 2. s / 3. pas d'accord ; b. 1. pas d'accord / 2. pas d'accord / 3. es / 4. s ; c. 1. pas d'accord / 2. pas d'accord / 3. s / 4. e

❾ a. arrivée / paniquée / enfoncé / précipitée / coincée / déchiré / tombées / ramassées / moqués ; b. plaintes / passés / souffert / pu / eu / sorties / demandé / fait / eu / soutenues / obtenu

❿ difficilement – gentiment – principalement – admirablement – également – économiquement – pratiquement – passablement – actuellement – profondément – joliment – coquettement
a. étonnement ; b. enregistrement ; c. accomplissement ; d. enseignement ; e. agacement ; f. retournement

⓫ a. profondément / précisément : ils utilisent un « é » pour former l'adverbe. b. franchement / agressivement : ils utilisent leur féminin qui est irrégulier pour former l'adverbe. c. évidemment / patiemment : ils doublent le « m » pour former l'adverbe.

⓬ a. agilement ; b. fragilement ; c. sympathiquement ; d. idéalement ; e. prestement ; f. réellement ; g. brièvement ; h. gaiement ; i. gentiment ; j. évidemment ; k. soudainement ; l. étonnement ; m. uniformément ; n. différemment ; o. sérieusement ; p. poliment ; q. constamment ; r. nouvellement

Semaine 8 – Rendez-vous 2
À découvrir – pages 78-79

❶ a. Vanessa ; b. Linda ; c. Mathieu ; d. Vanessa ; e. Julie et Vincent ; f. Mathieu ; g. Vincent ; h. Julie ; i. Vincent

❷ a. j'aurai fini / j'aurai réussi / j'aurai passé / j'aurai visité ; b. j'aurai quand même eu / je n'aurai pas fondé / je serai absorbée ; c. je serai déjà lancée / j'aurai commencé / j'aurai obtenu ; d. j'aurai réussi / j'aurai déjà acheté / j'aurai crée / j'aurai déjà fait ; e. j'aurai obtenu / je serai recrutée / j'aurai acquis / j'aurai eu / j'aurai réussi

❸ 1. b ; 2. e ; 3. a ; 4. c ; 5. g ; 6. d ; 7. f

❹ a. Ce dont il faut tenir compte, c'est de son système… ; b. Ce qu'il faut savoir, c'est que la faculté… ; c. Ce dont il faut être conscient, c'est que les professeurs… ; d. Ce qu'il ne faut pas faire, c'est rater/sécher… ; e. Ce qu'il faut apprendre, c'est à travailler seul ; f. Ce qu'il faut fournir, c'est un travail… ; g. Ce qu'il ne faut pas oublier, c'est d'avoir…

❺ Prendre des notes : b. Se motiver : c, f. Se mettre au travail : d, i. Mémoriser : e, g, j. Améliorer son expression écrite : a, h.

À savoir – pages 80-81

❻ a. 3 ; b. 8 ; c. 6 ; d. 2 ; e. 4 ; f. 1 ; g. 5 ; h. 7

❼ Payer les frais d'inscription ; Prendre sa carte d'étudiante ; Découvrir sa nouvelle chambre ; Remplir sa carte de RU ; Manger au RU ; Renouveler son inscription à la BU ; Aller à son UFR ; Choisir ses UV.

❽ BVE : bureau de la vie étudiante ; CROUS : centre régional des œuvres universitaires et scolaires ; Cité U : cité universitaire ; APL : aide personnalisée au logement ; RU : restaurant universitaire ; BU : bibliothèque universitaire ; UFR : unité de formation et de recherche ; UV : unité de valeur

❾ a. Ce qu'il / c'est ; b. Ce qu'il / c'est ; c. Si / c'est parce que ; d. Si / c'est à cause de – ce qu'il / c'est ; e. Ce dont / c'est – c'est / qui – C'est de / dont

❿ a. 4 ; b. 5 ; c. 1 ; d. 2 ; e. 3

⓫ a. aurai passé / sera ; b. aurons fini / reviendra / aurait pu ; c. sera terminée / aura / aurait pu ; d. auront assisté / aient ; e. auront bénéficié / seront restés / n'auront connu ; f. serons partis / corrigera

Bilan – pages 82-83

❶ a. une fois par semaine ; b. difficiles / studieuses / horribles / stressantes ; c. 2

❷ a. Faux ; b. Faux ; c. Vrai

❸ a. extrêmement ; b. simplement ; c. intérieurement ; d. évidemment ; e. précisément ; f. franchement ; g. exceptionnellement ; h. secrètement ; i. profondément

❹ a. j'aurai appris ; b. Je me serai rendu compte ; c. Je me serai démontré ; d. Je serai allée ; e. J'aurai perfectionné ; f. J'aurai découvert ; g. J'aurai appris

❺ *Réponse libre.*

❻ a. Si / c'est à cause ; b. Si / c'est parce que ; c. Ce qui / c'est ; d. Ce que / c'est ; e. C'est / qu' ; f. Ce qu' / c'était d' ; g. Ce dont / c'est de ; h. Ce que / c'est ; i. C'est / qui

❼ *Réponse libre.*

Semaine 9 – Rendez-vous 1
À découvrir – pages 84-85

❶ c

❷ a. Après des années de lutte, les femmes ont enfin pu être les égales des hommes. b. Après la loi les autorisant à voter, les femmes ont obtenu un statut égalitaire en matière de droit. c. Après avoir obtenu les mêmes droits que les hommes, les femmes n'étaient plus considérées comme inférieures et immatures. d. Maintenant, les femmes sont engagées dans la politique et certaines sont des chefs d'États.

❸ *Réponse libre.*

❹ avant d' ; Lorsque ; Pendant que ; après ; Pendant ; Durant ; Après ; À ce moment-là ; pendant laquelle ; Ensuite ; Avant ; Après quoi ; Après que

❺ Lorsque ; Avant ; après ; Après cela ; Après que ; À présent ; Maintenant

❻ ceux-ci ; celle ; celle-ci ; celle-ci ; ceux ; ceux-ci ; celles ; celles-ci

À savoir – pages 86-87

❼ f ; c ; d ; e ; a ; b

❽ Avant que ; n'existe ; Lorsque ; a été ; avant que ; soit ; Maintenant ; propose ; Après ; Avant d' ; faisaient ; Après que ; À l'heure actuelle ; serait

❾
```
H X C U O P C T J J E H A E T
T E L F J Y Ç A C X P S R M S
O V B C X U C S N G P I S G C
X E Y P E C A D O D L B B Z Z
K C R J D A N E L E I O V O R
K N X J F S X M L Q V D E Z N
F G M Ç W S V O T H T Q A I J
I L E R I E J C J T Q S T T S
X M L N F M D R N N W U C F E
T A E V O B D A C C R F H F N
V N C O Q L Z T O C V F M T A
E D T T C E T I S D R R G Y T
D A E E T E Y E W C C A N Y E
E T U F R I D V C H V G T G A
Z K R E P U B L I Q U E R W U
```

❿ a. 5 ; b. 3 ; c. 6 ; d. 1 ; e. 2 ; f. 4

⓫ a. celle-ci qu' ; b. celle qui / celle que ; c. ceux de / ceux qui / ceux où ; d. Celle où / celle qui / Celle où / celle que ; e. cela

Semaine 9 – Rendez-vous 2
À découvrir – pages 88-89

❶ Personne n° 1 : c ; Personne n° 2 : d ; Personne n° 3 : b ; Personne n° 4 : e ; Personne n° 5 : a

❷ Personne 1 : Ce qui est révoltant ; Il est honteux que ; C'est affligeant ! Personne 2 : C'est scandaleux de + inf ; J'en ai marre de voir ; C'est incroyable quand même ! Personne 3 : Ce qui m'agace ; C'est une honte ; Je suis déçue par. Personne 4 : Nous sommes vraiment furieux... et dégoûtés ; Je suis en colère d'avoir. Personne 5 : Ce qui me chagrine ; je trouve cela injuste !

❸ a. indignation ; b. surprise ; c. espoir ; d. admiration ; e. déception ; f. surprise

❹ a. Vrai ; b. Faux ; c. Vrai ; d. Faux

❺ Colère : c, f, g, k. Déception : d, l, o. Espoir : b, i, n. Admiration : e, j, p. Surprise : a, h, m.

❻ a. C'est surprenant. → surprise ; b. Je suis étonnée → surprise ; c. je trouve remarquable → admiration ; d. Si seulement → espoir ; e. fantastique → admiration ; f. brillante ; épatante ! → admiration ; g. je n'y crois pas, ce n'est pas possible ! → surprise ; h. pourvu qu' → espoir

❼ *Propositions :* b. C'est scandaleux qu'il y ait autant de jeunes au chômage. c. C'est dommage que les présidents ne tiennent pas leurs promesses de campagne. d. C'est décevant de constater que les syndicats n'agissent pas assez. e. Je suis surpris(e) par la victoire de ce candidat. f. Je suis étonné(e) qu'une loi anti-tabac n'ait pas été promulguée avant. g. Nous espérons que ces nouvelles mesures économiques nous permettent enfin de sortir de la crise. h. J'attends beaucoup de ce candidat.

À savoir – pages 90-91

❽ et ❿ *Propositions :* Les personnes : un agent, le patronat, un syndicat, un syndiqué, un salarié, un gréviste. La manifestation : une banderole, un préavis, une assemblée générale, une réunion, un manifestant, défiler, une grève. La résolution : une négociation, un médiateur, un accord, mettre fin au mouvement. La revendication : hausse des salaires, baisse des heures de travail, meilleures condition de travail, une prime. Les raisons / motifs : dégradation du dialogue social, conflit social, baisse des effectifs, mauvaises conditions de travail.

❾ a. Elle a duré onze jours. b. Une hausse de salaire, de meilleures conditions de travail. c. Pas totalement car ils ont obtenu une prime et non une hausse de salaire. d. Par un accord signé entre patronat et salariés. e. Non, certains travailleurs auraient préféré continuer la grève.

⓫ a. ait ; b. sera ; c. fassent ; d. ait ; e. s'abstienne ; f. aient ; g. soyons ; h. puissions

⓬ a. voir ; b. ait ; c. faire ; d. puissent ; e. rester / sommes ; f. avoir débattus ; g. allons ; h. soyons ; i. devions

⓭ a. dignité ; b. noblesse ; c. honorabilité ; d. modestie ; e. mépris / humiliation ; f. froideur / passion ; g. stupéfaction ; h. étonnement

Bilan – pages 92-93

❶ a. Le gouvernement veut mettre en place des radars pédagogiques. b. Celle du retrait des panneaux annonçant les radars. c. Pour calmer la colère des députés. d. C'est un panneau qui indique la vitesse à laquelle on roule qui sera placé notamment dans les zones dangereuses, y compris sur les itinéraires sur lesquels les radars existent. e. Ils vont servir à éduquer les automobilistes. Ils sont mis en place pour faire baisser le nombre de morts sur les routes. f. Le nombre de morts sur les routes françaises a augmenté de 19,9 % en avril (355 décès) par rapport au même mois en 2010. g. 4 000 morts.

❷ a. Avant ; b. Après qu' ; c. Avant ; d. Après ; e. Avant d' ; f. Après de ; g. Avant que ; h. Pendant

❸ 1. b, d. 2. a, f. 3. Un membre du gouvernement : c, e.

❹ *Réponse libre.*

❺ a. Celle-ci ; b. celui-ci ; c. ceux ; d. ceux

❻ a. C'est une honte ! b. Ce n'est pas une surprise ! c. Quelle déception ! d. Quel acharnement ! e. Quelle cruauté ! f. Quelle obstination ! g. Quelle insistance !

Semaine 10 – Rendez-vous 1
À découvrir – pages 94-95

❶ 1. b ; 2. d ; 3. a ; 4. c

❷ 1. a et c ; 2. d ; 3. b.

❸ 1. c ; 2. a ; 3. b ; 4. d ; 5. c ; 6. a

❹ a. P ; b. P ; c. C ; d. C ; e. P ; f. P ; g. C ; h. P ; i. C

❺ Les deux candidats ne postulent pas pour le même poste.

❻ 1. la motivation et l'intérêt pour le poste – 2. l'expérience – 3. l'aptitude du candidat à occuper le poste

❼ a. j'ai une expérience de 3 ans dans ce domaine ; j'ai été chef de... ; j'ai de l'expérience ; j'ai été responsable d'une équipe b. j'ai une formation très solide ; une excellente expérience au sein de... ; je suis très méticuleux et précis dans mon travail ; je suis capable de

❽ a. 3, 5 ; b. 2, 4, 5 ; c. 1 ; d. 2, 4, 5 ; e. 4 et 5
Proposition : 1. J'ai un don pour anticiper les demandes des clients. 2. Je suis en mesure de former tous vos employés aux nouvelles techniques commerciales. 3. Je sais faire face à beaucoup de responsabilités. 4. Je suis capable de fournir une grande quantité de travail. 5. Je suis doué pour trouver de nouveaux clients

À savoir – pages 96-97

❾ a. devaient ; était ; fallait ; détruirait ; nous devions ; nous implanterions notre ; nous devrions ; placer notre ; nous pourrions. b. était ; était ; appelait ; étaient composés ; captaient ; était transformée ; était ; consommée ; étaient réservés ; avaient pu ; avaient produit ; fallait ; avaient ; revendu ; avaient ; remboursé ; rentabilisé. c. existait ; existait ; elle voudrait ; nous ; nous expliquer ; fonctionnaient ; étaient ; utilisées ; captaient ; émettait ; étaient enterrés ; notre ; étaient enfouis ; était ; était ; nous puissions ; nous ; remarquions ; de ne pas avoir ; était.

⑩ a. G ; b. E ; c. S ; d. G ; e. H ; f. E ; g. S ; h. H

⑪ a. Aline a raconté que la veille, quand elle était passée à côté d'un parc éolien, il n'y avait que 3 éoliennes sur 5 en fonctionnement. Elle a demandé si c'était vraiment rentable. b. Aurélie a confié qu'elle ne savait pas comment ça fonctionnait. Elle s'est demandé comment on pouvait ramener sur terre l'électricité produite par des éoliennes en mer. Elle s'est demandé si c'était possible avec des câbles d'électricité dans l'eau. Elle a plaisanté en disant qu'on allait électrocuter tous les poissons. Elle a conclu que, pour elle, ça restait un mystère et qu'il faudrait qu'on lui explique. c. Alex a affirmé que le seul avis qu'il avait, c'était qu'il trouvait cela affreusement moche. Il nous a demandé si nous aussi nous le trouvions. Il nous a supplié de faire quelque chose pour rendre cela agréable à la vue. d. Fang a expliqué que l'éolien présentait plusieurs avantages : le vent était une énergie propre, renouvelable et donc inépuisable. Il a rajouté que, par contre, en mer, les éoliennes étaient plus difficiles à installer et à entretenir que sur terre. En effet, elles devaient pouvoir résister aux vents forts, aux grosses vagues et à la corrosion par le sel. Cependant, il a affirmé qu'elles s'avéraient beaucoup plus rentables énergétiquement grâce à leur exposition aux vents marins beaucoup plus forts que les vents que nous avions à l'intérieur des terres. Il a conclu qu'il pensait que c'était une énergie à développer. e. David a indiqué que l'énergie solaire n'était pas LA solution mais une des solutions. f. Margaux a assuré qu'elle ne savait pas ce que deviendrait cette énergie lorsque le gouvernement stopperait les subventions pour les installations. Elle s'est demandé si les Français voudraient encore de ces panneaux si chers à l'achat et pas toujours rentables.

Semaine 10 – Rendez-vous 2
À *découvrir* – pages 98-99

① a. Vrai ; b. Faux ; c. Faux ; d. Vrai ; e. Vrai

② Le recyclage économise au pays les 1 976 GWh annuels d'électricité qui auraient normalement été requis pour produire de nouvelles quantités... Le pays a atteint un taux de recyclage de 94 %, soit une forte augmentation par rapport au 46 % de 1990. Les efforts faits pour constituer des coopératives ont permis d'augmenter les rémunérations et d'améliorer les normes dans nombre de pays.

③ ont beaucoup changé ; Plus grande sensibilisation ; se développe ; qu'il dépasse la sphère individuelle ; pour entrer ; se multiplient ; est devenu une préoccupation ; qui bouleversent

④ faisons un geste pour l'environnement ; nous vous proposons de réunir nos idées ; nous vous invitons donc à nous faire part de vos suggestions ; n'hésitez pas à nous les communiquer

⑤ c ; f ; g ; i

⑥ *Production libre.*

À *savoir* – pages 100-101

⑦ a. coquilles d'huîtres ; b. coquilles de noix ; c. cordages et voiles

⑧ Recyclage : elles servent aussi d' ; recycler ; transformer. Protection de l'environnement : on extrait moins de calcaire ; sans autre ajout de produits (chimiques).

⑨ 1. Mets ; 2. Mais ; 3. Quel / qu'elle / qu'elle ; 4. n'y / ni / ni ; 5. Plus tôt / plus tôt / plutôt ; 6. sait / sait / c'est / c'est / c'est / sait / ses ; 7. si / s'y ; 8. Tous / tous / Tout

⑩ d ; g ; a ; c ; f ; e ; b

⑪ a. en effet ; notamment ; donc ; ainsi. b. D'une part ; Ainsi ; D'autre part ; donc ; En revanche ; Cependant

Bilan – pages 102-103

① a. Faux ; b. Vrai ; c. Faux ; d. Vrai ; e. Vrai ; f. Vrai

② a. s'engager ; b. recrutement ; c. qualifiés ; d. débouchés ; e. vocations

③ agent de traitement des eaux ; technicien en environnement des industries de process... ; technicien en traitement des déchets / technicien de mesure de la pollution / technicien de labo : 1 400 € ; conseiller en environnement : 2 000 € ; ingénieur en analyse de l'air / ingénieur hydrologue : 2 200 € ; responsable de station d'épuration : 2 300 €

④ a averti ; était ; concernaient ; a ajouté ; avait ; a prévenu ; pensait ; avait ; représentaient ; a précisé ; étaient ; recrutaient ; a affirmé ; était ; comptait ; a conclu ; représentaient

⑤ car ; c'est pourquoi ; Pour commencer ; Ensuite ; puis ; En fait ; De plus en plus ; De plus ; donc ; Par ailleurs ; En résumé

⑥ a. 6 ; b. 5 ; c. 1 ; d. 4 ; e. 2 ; f. 3

⑦ Cher monsieur,
Je voudrais savoir si vous seriez intéressé ma candidature pour un stage dans votre boutique. En effet, depuis toujours je m'intéresse aux plantes et à la nature mais je n'avais jamais pensé travailler dans l'horticulture. J'ai pourtant une véritable passion pour les fleurs et les végétaux. J'ai un don pour faire pousser n'importe quelle plante. D'ailleurs, on dit que j'ai la main verte. Par ailleurs, il est vrai que je ne possède aucune formation dans le domaine, cependant je suis très motivé pour apprendre un véritable métier. De plus, je peux apprendre rapidement tous les noms scientifiques des plantes car j'ai une excellente mémoire. D'autre part, travailler le week-end et les jours fériés ne me fait pas peur. Je suis aussi capable de travailler debout pendant longtemps. Pour toutes ces raisons, je serais ravi de rejoindre votre équipe...

Semaine 11 – Rendez-vous 1
À *découvrir* – pages 104-105

① a. intrus ; b. intrus ; c. 5 ; d. 2 ; e. intrus ; f. intrus ; g. 3 ; h. 4 ; i. 1 ; j. 6

② Questions c, i

③ a. 3 ; b. 4 ; c. 2 ; d. 1

④ a. 3 ; b. 5 ; c. 1 ; d. 6 ; e. 4 ; f. 2

⑤ *Propositions* : a. À combien de temps estimez-vous le temps de la visite ? b. J'aurais besoin de savoir s'il était possible d'avoir des audio guides en anglais, en espagnol ou en allemand. c. J'aimerais savoir s'il existe des aménagements pour les personnes à mobilité réduite

⑥ a. Faux ; b. X ; c. Vrai ; d. Faux ; e. Faux ; f. Vrai ; g. Vrai

⑦ Et si le futur se trouvait dans une éprouvette ? Un chercheur japonais serait sur le point de présenter le premier hamburger dont le steak haché proviendrait... de cellules souches. Le chercheur aurait prélevé des cellules de muscles de bovins avant de les mettre en culture dans du sérum. La production de viande devrait doubler d'ici 2050. Si la technique se révèle efficace, elle pourrait bien révolutionner l'élevage et bouleverser l'alimentation mondiale.

⑧ *Proposition* : a. Si la technique est efficace, elle permettrait d'arrêter la faim dans le monde. b. En admettant que cette technique ne fonctionne pas, il faudrait que d'autres chercheurs mènent de nouvelles recherches.

À *savoir* – pages 106-107

⑨ *Proposition* : La Fête des sciences est une manifestation culturelle et scientifique qui se déroule une fois par an avec un thème précis. Toute personne peut venir assister aux différentes manifestations et rencontrer les professionnels.

⑩ a. Chercheurs, enseignants, ingénieurs, techniciens. b. Tous, de la biodiversité aux sciences de la vie et de la santé, en passant par les sciences de l'univers, les mathématiques, la physique, les sciences humaines et sociales, l'environnement, le développement durable, etc. c. Vivante, captivante, ludique. d. Favoriser le partage de savoirs et les échanges entre les chercheurs et les citoyens ; valoriser le travail de la communauté scientifique ; faciliter l'accès à une information scientifique de qualité ; permettre à chacun de mieux s'approprier les enjeux des évolutions scientifiques et ainsi favoriser une participation active au débat public ; découvrir le travail des scientifiques et les métiers issus de la recherche ; sensibiliser le grand public à la culture scientifique ; stimuler, chez les jeunes, l'intérêt pour la science, la curiosité à l'égard des carrières scientifiques, susciter des vocations.

⑪ Convaincre, convainquant. Différer, différent. Exceller, excellant. Fabriquer, fabriquant. Fatiguer, fatigant.
Fabricant est aussi employé comme nom commun.

⑫ a. différentes ; b. Excellant ; c. fatiguant / Intrigante ; d. étonnante ; e. provoquant

⑬ a. aurait / n'iraient pas ; b. j'avais eu / j'aurais pu ; c. passerait ; d. aurons fait / serait ; e. finis / serait ; f. pense ; g. faudra / va falloir

⑭ a. Imaginons que nous puissions vivre sur Mars, nous aurions une deuxième planète pour subvenir à nos besoins. b. S'il était possible de vivre éternellement, la planète serait surpeuplée. c. Si on inventait des voitures capables de devenir aussi petites que des jouets, on pourrait les ranger dans notre poche après utilisation. / En imaginant que l'on invente des voitures capables de devenir aussi petites que des jouets, il n'y aurait plus de problème de parking. Soyons fous et imaginons des voitures capables de devenir aussi petites que des jouets, la vie deviendrait un vrai film de science-fiction.

Semaine 11 – Rendez-vous 2
À *découvrir* – pages 108-109

❶ 1. Patient n° 1 ; 2. Patiente n° 4 ; 3. Patient n° 2 ; 4. Patient n° 6 ; 5. Patient n° 5 ; 6. Patient n° 7 ; 7. Patient n° 3

❷ a. 3 : patient n° 1 ; b. 5 : patient n° 4 ; c. 6 : patient n° 6 ; d. 1 : patient n° 2 ; e. 7 : patient n° 5 ; f. 2 : patient n° 7 ; g. 4 : patient n° 3

❸ a. Faux ; b. Vrai ; c. Vrai ; d. X ; e. Vrai ; f. X

❹ a. Physiques, émotionnels et intellectuels. b. 1. Douleurs (maux de tête, douleurs musculaires, etc.), troubles du sommeil, de l'appétit et de la digestion, sueurs inhabituelles... ; 2. Sensibilité et nervosité accrues, crises de larmes, angoisse, excitation, tristesse, sensation de mal-être... ; 3. Perturbations de la concentration (erreurs, oublis), difficultés à prendre des initiatives... c. Consommation de produits calmants ou excitants (café, tabac, alcool, somnifères, anxiolytiques...), modification des conduites alimentaires, comportements violents et agressifs, repli sur soi, difficultés à coopérer. d. Si la situation stressante se prolonge, les symptômes s'installent ou s'aggravent, entraînant des altérations de la santé qui peuvent, dans certains cas, devenir irréversibles.

❺ a. j'ai l'impression d'être vidée ; l'impression de n'avoir jamais le temps ; je supporte de moins en moins les plaintes, les angoisses ; Et ça me rend triste : symptômes émotionnels. b. ça m'affole déjà ; j'ai une grosse boule dans le ventre ; stressant et épuisant ; je me suis évanoui : Symptômes physiques, émotionnels et intellectuels. c. le stress du travail et celui de la route ; je bois beaucoup de café ; je ne dors plus la nuit ; n'est pas bon pour mon dos : Symptômes physiques.

❻ b et d

À *savoir* – pages 110-111

❼ 1. dentiste ; 2. dermatologue ; 3. ophtalmologue ; 4. kinésithérapeute ; 5. pharmacien ; 6. rhumatologue

❽ 1. carie / gencive enflammée ; 2. acné ; 3. la vue a baissé ; 4. des muscles tendus / une contraction des muscles cervicaux ; 5. une toux ; 6. une fracture de la cheville

❾ a. dent ; b. nez ; c. jambes ; d. yeux ; e. estomac ; f. cœur ; g. tête ; h. poumon
1. g ; 2. b ; 3. e

❿ a. 3 ; b. 4 ; c. 6 ; d. 5 ; e. 2 ; f. 1

⑪ a. dans lequel / à côté duquel ; b. qu' ; c. qui / dont / pour laquelle ; d. que / en laquelle / grâce à laquelle

⑫ a. en qui ; b. grâce à laquelle ; c. où / pour laquelle ; d. grâce auquel / que ; e. dans lequel / grâce à laquelle / dont ; f. par lequel / où ; g. avec qui / avec laquelle

⑬ a. Celles-ci ; b. le sien / le mien ; c. Celui-ci / celui-là / dans lequel ; d. en / une habitude que / quelque chose dont ; e. le lui dise

Bilan – pages 112-113

❶ Symptômes : le sang n'arrive pas aux extrémités. J'ai les mains et les pieds constamment blancs et froids. Phlébites. Premier diagnostic : maladie de Raynaud. Deuxième diagnostic : maladie orpheline. Traitement à suivre : arrêter de fumer ; porter de vêtements très chauds ; mettre plusieurs paires de chaussettes.

❷ a. Pour avoir un second avis médical. b. Vous pourriez me préciser comment se traduit cette mauvaise circulation ? / Vous pourriez m'expliquer ce que c'est ? c. 1. les extrémités ; 2. le traitement ; 3. souffrir ; 4. un trouble ; 5. des antécédents ; 6. une phlébite ; 7. orpheline ; 8. un confrère

❸ a. Pourriez-vous me donner des détails sur les tests qu'il doit réaliser, s'il vous plaît ? b. Est-ce que vous pourriez m'expliquer plus précisément ce qu'est une maladie orpheline ? c. Auriez-vous des détails sur la prise en charge du traitement par la sécurité sociale ? d. J'aimerais en savoir plus sur la vie des patients atteints de maladies orphelines. e. Est-ce que vous pourriez me préciser s'il existe un espoir de traitement et de guérison ?

❹ a. Imaginons qu'il soit atteint d'une maladie orpheline, faudra-t-il qu'il arrête de travailler ? b. Supposons qu'il ait une maladie orpheline, est-ce qu'il pourra continuer à faire ses activités quotidiennes ? c. Si effectivement on lui diagnostique/quait une maladie orpheline, est-ce qu'il faudra/ait qu'il déménage dans un pays chaud ? d. En admettant que la maladie orpheline soit confirmée, existe-t-il des traitements ? e. Dans le cas où il aurait une maladie orpheline, est-ce qu'il pourrait bénéficier d'une aide financière ? f. S'il avait une maladie orpheline, est-ce qu'il devrait se faire suivre psychologiquement ?

❺ lui ; l' ; les ; pour lesquelles ; pour laquelle ; dont ; ce qui ; avec lesquelles ; qui

❻ a. C / E ; b. C ; c. C / T ; d. E ; e. T ; f. C

❼ *Proposition* : Bon allez, Laurent, il ne faut pas te démoraliser. Je suis sûr(e) que nous allons trouver ce que tu as. Et puis, même si le diagnostic de la maladie orpheline est exact, il ne faut pas te décourager. Tu sais, tu n'es pas seul dans ce cas. Allez, ne t'inquiète pas, ça va aller. Attendons les résultats de tes analyses. Courage, je t'embrasse. A.

Semaine 12 – Rendez-vous 1
À *découvrir* – pages 114-115

❶ a. La fusion de leurs services dans un seul et même bâtiment. b. La mauvaise situation économique actuelle et les restrictions budgétaires. c. Ils disent que ça facilitera la communication et que ça sera plus logique pour le public, bref que ça sera plus cohérent. d. Parce que le temps pour déménager est trop court et parce qu'ils doivent continuer à travailler tout en préparant le déménagement. e. Parce qu'il va falloir déplacer toutes les archives. Sans parler du déménagement, il faudra faire les cartons et en même temps accueillir le public. f. Obtenir un délai supplémentaire pour le déménagement. g. Elle va devoir partager son bureau avec Marine qu'elle ne supporte pas.

❷ Mais on ne peut pas faire ça, c'est complètement fou ! Ils se rendent compte de ce qu'ils nous demandent ? C'est pénible, vraiment ! Ils n'ont rien d'autre à penser ? Non mais ils sont cinglés ou quoi ? Je ne comprends pas qu'ils puissent penser à faire ce genre de chose. C'est inimaginable ! C'est vraiment inconcevable ! Je refuse de travailler avec elle. Ça va être insupportable !!!

❸ a. Êtes-vous pour ou contre (le fait de travailler) le travail le dimanche ? b. Alexandre, Lauriane.

❹ a. Mélodie ; b. Alexandre ; c. Abdel ; d. Dominique ; e. Lauriane

⑤ a. Lauriane ; b. Abdel ; c. Alexandre ; d. Mélodie ; e. Dominique

⑥ a. 1 ; b. 3 ; c. 2 ; d. 3 ; e. 3 ; f. 1 ; g. 2

⑦ c, e, f, h, j

⑧ a. 2 ; b. 1 ; c. 3

À savoir – pages 116-117

⑨ a. Informer d'un problème. b. Trente-six auditions et tables rondes, deux déplacements sur le terrain, un blog ouvert. c. Tous : les grandes entreprises, les PME, les salariés mais aussi les commerçants, artisans, agriculteurs, professions libérales, le secteur privé comme le secteur public. d. C'est l'endroit où se produisent le plus de drames. e. Tous et la France a mis longtemps à en prendre conscience. f. La recherche de la performance à tout prix, liée à l'intensification de la concurrence et à la mondialisation ainsi que le développement d'un « taylorisme des services » ; l'augmentation de la productivité ; l'évolution des méthodes de management et la distance croissante entre les dirigeants et leurs subordonnés et la suppression du management intermédiaire. g. Supprimer les temps de pause et de convivialité sur le lieu de travail.

⑩ a. Les grandes entreprises ; b. Les salariés ; c. Un secteur (d'activité) ; d. Un accroissement de la concurrence ; e. Une profonde mutation ; f. Une performance ; g. La productivité ; h. L'isolement ; i. Le management ; j. Les dirigeants ; k. Les subordonnés ; l. Un objectif

⑪ a. ayons revu ; b. ayez fini ; c. aient pas demandé ; d. n'aient pas obtenu ; e. ne soient pas arrivées ; f. n'ait rien dit ; g. soyons partis ; h. aies réussi

⑫ *Proposition* : a. Ça nous ennuie que vous n'ayez pas eu l'autorisation de partir en formation professionnelle avec le reste de l'équipe. b. Je suis outré que nous ayons donné raison à ces clients tellement hautains. c. Je suis heureuse qu'elle soit entrée dans cette entreprise, c'est une belle opportunité pour elle. d. Je crains qu'il ne se soit pas fait entendre lors de la réunion de service. e. Il est étrange que vous n'ayez rien fait pour défendre les droits des employés. f. C'est dommage que nous n'ayons pas obtenu l'accord de notre chef pour continuer notre projet. g. Elle est indignée par le fait qu'il ait fallu associer cette entreprise à notre programmation culturelle. h. Il est stupéfiant de constater que les clients soient partis sans payer leur facture.

⑬ a. pour laquelle ; b. celui-ci ; c. y / les ; d. rien ; e. Certains / ceux-là ; f. le vôtre ; g. la ; h. que / avec laquelle

⑭ où ; que ; Chaque ; Certains ; en ; tous ; Chacun ; le sien ; auquel

Semaine 12 – Rendez-vous 2

À découvrir – pages 118-119

① a. Un millier de salariés du secteur privé et public. b. Non, elles sont différentes. c. La grossesse et l'origine ethnique. d. Les supérieurs hiérarchiques directs et la direction. e. La résignation des victimes et des témoins. f. La voie juridique en dernier recours. Avant cela, les salariés du privé en parlent à leur direction ou à leur encadrant direct et ceux du public à un syndicat ou représentant du personnel dont l'intervention est jugée souvent très efficace. g. Des sanctions contre les entreprises ; le CV anonyme ; instauration d'un quota (égalité homme/femme) dans les grandes entreprises. h. Les seniors, les handicapés et les personnes atteintes du VIH. i. Lutte contre les situations de discrimination, le silence des salariés et les inégalités homme/femme.

② 36 % : de salariés déclarent avoir subi une discrimination ; 32 % : l'origine ethnique pose problème ; 31 % : la grossesse est un motif de discrimination ; 26 % : le sexe est un motif de discrimination

③ a, d, h

④ Entre deux collègues : b, c, g. D'un chef à son employé : d, f. D'un employé à un chef : a, e.

⑤ a. Je te remercie d'avoir pris mes appels durant mon absence. b. Je vous suis infiniment reconnaissant de m'avoir offert des jours de congé pendant l'hospitalisation de mon père. c. Je ne sais pas comment de remercier d'avoir pris de ton temps pour m'expliquer le fonctionnement d'un logiciel. d. Je tenais à vous remercier de me laisser partir plus tôt le soir afin de passer mon permis moto. e. Tous mes compliments pour cet excellent travail.

⑥ a. Créer encore plus de discrimination. b. Pôle emploi et le CREST. c. Il a toutes les chances d'être enterré. d. Pour les entreprises de plus de 50 salariés. e. Faute de décret d'application. f. Les candidats issus des minorités ou des zones défavorisées. g. Les CV anonymes nuisent à la confiance réciproque nécessaire à une embauche ; ils sont une atteinte à la liberté de choix des employeurs.

À savoir – pages 120-121

⑦ 2 000 ; 90 ; Garder les yeux baissés ; Sourire hésitant ; Avoir une poignée de main trop molle ; Vous renseigner sur l'entreprise ; Pour 65 %, la tenue vestimentaire serait un facteur décisif entre deux candidats ayant les mêmes compétences ; 5. Parlez-moi de votre expérience dans… ; 4. Pourquoi souhaitez-vous travailler pour nous ? ; 1. Parlez-moi de vous. ; 4. Manquer d'humour ou de personnalité ; 2. Ne pas se démarquer des autres candidats

⑧ fit (faire) ; passa (passer) ; étudia (étudier) ; finit (finir) ; écrivit (écrire) ; passa (passer) ; eurent (avoir) ; s'aperçut (s'apercevoir) ; fit (faire) ; demanda (demander) ; durent (devoir) ; crut (croire)

⑨ a. veux / Passe / discutera ; b. faudra / apprennes / veux ; c. est / fera ; d. aurez compris / pourrez ; e. n'est pas / ayons fini / a demandé ; f. trouve / ne soit pas

⑩ a. n'était pas / n'étaient pas / n'y avait pas ; b. avais été / étais / serais ; c. Fais / renverses ; d. avons fait / s'est remis ; e. revienne ; f. est ; g. fassions ; h. aurons

Bilan – pages 122-123

① a. Domaines professionnel, familial et de couple. b. 37 ans. c. Bientôt 20 ans. d. Associés. e. Comme des partenaires. f. Par hasard. Suite au licenciement de Jacques, ce dernier a voulu ouvrir sa propre entreprise. g. Elle n'avait pas d'activité salariée. Elle était mère au foyer. h. Partager une même passion ; parce qu'ils ont un centre d'intérêt commun

② a. monter sa propre affaire ; b. s'investir dans le même univers professionnel ; c. un associé ; d. créer une entreprise ; e. de façon fortuite ; f. une structure ; g. un déplacement professionnel

③ Fifi46 : + ; Nina : – ; Élisa : N ; Kris : – ; Dom : + ; Ricardo : N

④ se rencontrèrent (se rencontrer) ; sympathisèrent (sympathiser) ; passa (passer) ; tombèrent (tomber) ; s'installèrent (s'installer) ; firent (faire) ; décidèrent (décider) ; prirent (prendre) ; établirent (établir) ; prévint (prévenir) ; décidâmes (décider) ; fonctionna (fonctionner) ; craqua (craquer) ; supporta (supporter) ; m'aperçus (s'apercevoir) ; changeai (changer) ; devins (devenir) ; fit (faire) ; fîmes (faire) ; discutâmes (discuter) ; conclûmes (conclure) ; garda (garder) ; trouva (trouver) ; continua (continuer) ; purent (pouvoir) ; attendirent (attendre) ; agîmes (agir) ; pûmes (pouvoir)

⑤ a. n'ait pas fonctionné ; b. voir / peut ; c. avoir raconté / a été ; d. a pu ; e. fassions

Corrigés de la phonétique

Semaine 1

Connaissez-vous le site ses **T**êtes à claque **? C**'est un site québécois très connu au **Q**uébec, mais aussi en **E**urope. **C**e site a été créé en 2006 par un ex-publicitaire du nom de **M**ichel **B**eaudet. **L**es internautes peuvent voir sur ce site des clips vidéo d'animation qui mettent en scène des situations drôles et des personnages humoristiques. **D**epuis 2007, certains clips sont aussi diffusés sur la télévision canadienne. **E**nfin, depuis 2008, la chaîne française **C**anal + propose aussi des clips vidéo des **T**êtes à claque.

Semaine 2

– Allô, / Jade ? / C'est Fanny ! / Ça va, / depuis la dernière fois qu'on s'est parlé sur Skype ? /
– Ça va super bien, / je découvre ma nouvelle vie ici, / aux États-Unis. /
– Alors, / comment s'est passé ton déménagement ? /
– Très bien. / Mes nouveaux voisins m'ont aidée à tout porter. / Et je n'ai pas acheté beaucoup de choses / parce que l'appartement était déjà meublé. / Il est très agréable et très bien situé. /
– Super ! / Et la fac, / ça te plaît ? /
– Ben, / je n'ai pas encore commencé les cours. / Tu sais, / ça fait seulement deux semaines que je suis arrivée. /
– Et tu as des projets ? /
– D'abord, / je voudrais rencontrer des Américains et sortir avec eux, / aller au cinéma, / au café ou en boîte. / Je n'ai jamais vu un film en V.O. non sous-titré / et j'ai hâte d'essayer. / Après, / j'espère que je pourrai être invitée dans une famille américaine. / Je voudrais bien voir comment ils vivent, / ce qu'ils mangent, / de quoi ils parlent en famille... /
– Ben, / c'est super, / tu as de la chance. / Ici, à Paris, tout va bien. / Bon, / on s'appelle dimanche prochain ? /
– Ok, ça marche ! / Gros bisous et à dimanche ! /
– Bisous. / À plus !

Semaine 4

La libellule hulule et pullule devant la petite poule rousse. As-tu vu le tutu de tulle de Lili d'Honolulu ? La roue sur la rue roule ; la rue sous la roue reste. (Pierre Abbat) Un couple de tatous disait à une tortue sourde : « Entends-tu ce doux murmure ? » Mais la tortue ne répondit pas puisqu'elle était sourde. Qui est cet hurluberlu qui tousse tant qu'on l'entend de Strasbourg à Mulhouse ? Pourquoi mets-tu ce pull tout troué et tout décousu, c'est ridicule ! Avec tes chaussures rouges toutes fichues, tu as l'allure d'un farfelu !

Semaine 5

1. Pendant mes vacances en Provence, j'ai rencontré un
   [ã] [ã]   [ã]   [ã]   [ã]   [ã] [ɔ̃] [ɛ̃]
garçon vendéen charmant et vraiment très sympathique
   [ɔ̃] [ã] [ɛ̃]   [ã]   [ɛ̃]   [ɛ̃]
qui s'appelait Vincent.
              [ɛ̃] [ã]

2. Dimanche, Julien un grand magicien parisien a montré
   [ã]   [ɛ̃] [ɛ̃] [ã]   [ɛ̃]   [ɛ̃]   [ɛ̃]   [ɔ̃]
à son public un incroyable tour de disparition de onze lapins
   [ɔ̃]   [ɛ̃] [ɛ̃]   [ɔ̃]   [ɔ̃]   [ɛ̃]
blancs en moins de trente secondes !!! Les gens étaient tous
   [ã]   [ã] [ɛ̃]   [ã]   [ɔ̃]   [ã]
très impressionnés !
      [ɛ̃]

3. Cinq cent cinquante-cinq pigeons mangent du pain blanc
   [ɛ̃] [ã] [ɛ̃] [ɛ̃]   [ɔ̃]   [ã]   [ɛ̃] [ã]
dans un jardin du centre-ville de Londres.
   [ã] [ɛ̃] [ɛ̃]   [ã]   [ɔ̃]

4. Au printemps, la campagne et les jardins sont pleins
       [ɛ̃] [ã]   [ã]   [ɛ̃]   [ɔ̃] [ɛ̃]
de fleurs aux doux parfums.
                      [ɛ̃]

Ça sent bon le jasmin surtout quand on se promène loin
   [ã] [ɔ̃]   [ɛ̃]   [ã] [ɔ̃]   [ɛ̃]
de la pollution et des embouteillages urbains.
          [ɔ̃]   [ã]   [ɛ̃]

Semaine 6

Les Restos du cœur, c'est une association créée en 1985 par un comédien et humoriste : Coluche. L'association a pour objectif « d'aider et d'apporter une assistance bénévole aux personnes démunies, notamment dans le domaine alimentaire par l'accès à des repas gratuits et par la participation à leur insertion sociale et économique, ainsi qu'à toute l'action contre la pauvreté sous toutes ses formes ».
Les Restos du cœur sont présents partout en France et on trouve même des associations aussi actives et qui font des actions similaires en Allemagne et en Belgique.
Depuis sa création, les Restos du cœur reçoivent le soutien de plusieurs artistes de la chanson française qui organisent un grand concert annuel et vendent un CD dont les profits vont directement à l'association. Cette notoriété a permis à l'association d'être connue et reconnue dans la société et a attiré l'attention de la classe politique. Des lois ont été établies et le nombre de bénévoles est très élevé grâce à une couverture médiatique importante.

Semaine 8

En août dernier, mes amis # et moi sommes allés passer trois semaines # en Thaïlande. C'était un voyage extraordinaire et vraiment # incroyable ! Nous avons découvert des paysages # absolument # étonnants. Les gens que nous avons rencontrés # étaient extrêmement # accueillants # et # ouverts ! C'était très agréable ! La première semaine, quand on est arrivés, on a loué une voiture et # on a traversé des villages anciens dans le sud du pays. Après # on est remontés vers le nord # en autobus pour aller à la rencontre des habitants. Pour finir, on a fait # un immense périple à pied de trois jours de marche avec un itinéraire qui passait par des chemins montagneux # inimaginables.
Nous avons # aussi profité de notre séjour pour découvrir des monuments culturels et # historiques # et pour goûter des spécialités # excellentes. Nous avons beaucoup apprécié ces trois semaines qui resteront # inoubliables !

Semaine 11

1. Cette jeune chercheuse suédoise est partie d'une simple
        [s]   [ʒ] [ʃ] [ʃ] [z] [s]   [z]   [s]
supposition mais son invention s'est transformée en avancée
   [s]   [z][s]   [s]   [s] [s]   [s]   [s]
scientifique sensationnelle !
   [s]   [s] [s][s]
2. Au Lycée, je choisissais toujours mon sujet de philosophie
        [s]   [ʒ] [ʃ] [z][s]   [ʒ]   [s][ʒ]   [z]
avec soin et précision et je savais saisir ma chance pour
        [s]   [s]   [ʒ][s]   [s] [z]   [ʃ] [s]
séduire l'enseignant.
   [s]   [s]
3. Zoé a changé de passion pour se consacrer à la physique-
   [ʒ]   [ʃ] [ʒ]   [s]   [s]   [s] [s]   [s]
chimie. Son enthousiasme est exceptionnel et elle a su
   [ʃ]   [s]   [z] [s]   [s] [s]   [s]
arranger les choses pour réussir sa vie.
   [ʒ]   [ʃ] [z]   [s] [s]

Semaine 12

1. Français standard : Ce qui m'énerve le plus ici, c'est que les réunions ne sont pas intéressantes du tout. 2. Français familier : J'peux pas dire que l'bus a eu du r'tard, c'est moi qui m'suis pas réveillée. 3. Français familier : J'comprends pas pourquoi il intervient toujours quand y a une dispute entre collègues ! 4. Français standard : Tu n'as pas su que le directeur de la comptabilité allait partir la semaine prochaine ? Comment ça se fait que tu sois passé à côté de cette information ? 5. Français familier : Pour la journée d'la gentillesse, qu'est-c' que tu comptes faire ? T'as une idée ? Moi, j'sais pas encore... 6. Français standard : Tu étais au courant qu'il y avait encore des places disponibles pour le concert de Shy'm avec le CE ? Moi, je ne savais pas et je ne sais pas si je peux encore en avoir. Tu y vas, toi ?